구입 문의 1577-3537
www.niefather.com

초등학생 영역별 필독서 36권 선정(1~3호)
책마다 전체 내용 요약 지문과 심층 질문 8개씩 제시

토론 논술 감상문까지 OK!

초등학생 문해 독서 고급 3호

행복한 논술 편집부 엮음

- 두 얼굴의 에너지, 원자력
- 생명 윤리 논쟁
- 세계를 바꾸는 착한 기술 이야기
- 미래 직업, 어디까지 아니?
- 수상한 돈돈농장과 삼겹살 가격의 비밀
- 어린이 이슬람 바로 알기
- 닭답게 살 권리 소송 사건
- 기호 3번 안석뽕
- 흥부전
- 일투성이 제아
- 칠칠단의 비밀
- 샬롯의 거미줄

독서를 지도하시는 분
심층 독서가 필요한 학생을 위한 책!

잎싹은 닭장에 갇힌 채 병아리가 될 수 없는 무정란만 낳다가 죽을 운명이다. 그런 잎싹이 알을 품어 병아리를 갖고 싶은 꿈을 꾼다. 꿈을 이루려면 닭장을 나와 수탉과 함께 지내야 한다. 주어진 상황만 놓고 보면 이룰 수 없는 꿈이다. 『마당을 나온 암탉』(황선미 지음, 사계절 펴냄)의 줄거리다.

잎싹은 주인이 주는 먹이를 배불리 먹고 알만 많이 낳으면 된다. 그런데 왜 불가능한 꿈을 꿨을까. 대다수는 주어진 삶에 안주하고 도전하기를 꺼린다. 잎싹의 이러한 모습은 아무런 꿈도 없이 사는 사람들에게 자기 점검의 기회가 된다. 『문해독서』는 '지은이가 왜 주인이 주는 먹이를 배부르게 먹고 알만 낳으면 되는 잎싹에게, 알을 품고 새끼를 키우는 불가능한 꿈을 꾸게 만들었나?'를 묻는다. 도전의 중요성을 일깨우기 위한 질문이다. 불가능을 가능하게 만드는 것이 도전의 힘이다. 인류에게 도전 정신이 없었다면 비행기나 자동차는 지금도 나오지 못했을 것이다. 문제는 도전해서 꿈을 이루는 과정이 험난하다는 데 있다. 꿈을 꾸고 도전하면 온 우주가 돕는다는 말이 있다. 잎싹은 우여곡절 끝에 닭장을 나오는 데까지는 성공한다.

잎싹이 볼 때 이상향이던 마당은 레드오션이다. 마당의 식구들이 잎싹을 받아 주지 않고 냉대한 까닭을 『문해독서』가 물은 이유가 여기에 있다. 꿈을 이루기까지는 현실의 진입 장벽이 너무 높아 좌절이 크다는 사실을 보여 주려는 질문이다. 어느 사회나 기득권층이 있다. 신참자가 등장하면 여지없이 경쟁 의식과 차별을 두려는 특권 의식이 작동한다. 기득권층처럼 지키려고만 들면 문화나 경제 모두 지체 현상이 벌어진다. 『문해독서』는 이러한 사실을 알리기 위해 마당에서 누리는 사람들처럼 자기가 이룰 수 있는 꿈만 꾼다면 사회에 어떤 영향을 미칠지 물어본다.

잎싹은 진입 장벽에 가로막혀 결국 새로운 세상을 개척해야 한다. 아무도 가지 않은 길이어서 이정표도 없고 나침판도 없다. 한 발자국만 잘못 옮겨도 낭떠러지다. 안전한 마당을 떠난 잎싹은, 다른 동물들에게 따돌림을 당하고 족제비에게는 생명의 위협까지 받는다. 그래도 잎싹에게는 자기 꿈대로 살 수 있는 행복이 있다. 『문해독서』는 다시 '닭장에서 사는 암탉', '마당에서 사는 암탉', '마당을 떠난 암탉' 가운데 나라면 어떤 닭이 되어 살고 싶은지 질문한다.

잎싹은 마침내 알을 품어 새 생명을 탄생시키는 꿈을 실현한다. 하지만 스스로 낳은 게 아니라 주인을 잃은 청둥오리의 알이다. 잎싹은 집도 없이 떠돌면서 아기 오리 초록머리를 정성껏 돌봐 멋진 청둥오리로 성장시킨다. 나중에는 초록머리를 야생 청둥오리 무리에게 떠나보낸다. 그 뒤 늙고 지친 잎싹은 족제비에게 잡아먹히고 도전은 끝난다.

잎싹은 꿈을 이룬 것일까. 자신의 꿈을 원래의 설계대로 실현시키는 사람은 드물다. 삶은 정해진 운명대로 가는 것이 아니기 때문이다.『문해독서』는 그즈음에 '잎싹은 꿈을 이뤘다'는 주제로 찬반 토론을 하도록 제시한다. 토론을 하면서 삶이란 목표를 이루기 위해 도전하는 과정의 연속이며, 결과가 어떠하든 존중을 받아야 한다는 사실을 깨닫도록 하기 위함이다.

잎싹이 초록머리를 청둥오리 무리에게 떠나보냈는데, 초록머리를 보낸 선택이 옳은지 자기 의견을 밝히는 문제도 낸다. 잎싹에게 목숨을 건 도전을 통해 남은 결과물은 초록머리뿐이다. 그런데도 미련 없이 되돌려 준다. 돈이든 지식재산이든 삶에서 얻은 결과물은 마지막까지 소유하고 싶은 욕망을 놓지 못하는 것이 사람의 마음이다. 기득권층이 마당을 끝까지 사수하려고 드는 이유다. 따라서 지속 가능한 삶을 위해 미래 세대에 대한 책임 의식을 심어 주기 위한『문해독서』의 물음인 것이다.

『문해독서』는 결론적으로 '저학년 때는 꿈이 백만 개나 되는데, 고학년이 되면서 한 반에서 셋 중 한 명은 꿈이 없다'는 내용의 신문 기사를 제시한다. 그리고 '어른이 되면 가지고 싶은 직업 또는 이루고 싶은 꿈을 한 가지만 구체적으로 정한 뒤, 지금 어떤 노력을 기울여야 이룰 수 있을지 자신을 점검하라.'고 질문을 맺는다.

『마당을 나온 암탉』은 꿈이 없는 시대를 사는 어린이들에게 가장 소중한 꿈과 도전, 미래 세대에 대한 책임 의식을 불러일으키려고 다뤘다.『문해독서』가 선정한 책들은 이처럼 신문 기사와 접목해 현실에 바탕을 두고 치밀하면서도 융합적 시각으로 접근했기 때문에 독서 토론의 새로운 이정표가 될 수 있다. 예를 들어『흥부전』에서는 노동이 없는 소득에 세금을 많이 부과해야 하는 까닭, 흥부의 다자녀 정신과 노블레스 오블리주 정신이 현대에 필요한 이유, 박을 한 번 타고 그쳤으면 나았을 텐데 마지막 박까지 타서 목숨을 잃을 위기에 빠진 놀부의 투기 심리와 카지노 폐인을 연계한 문제까지 철저하게 경제적 시각에서 조명한다. 각 호에 들어 있는 12권의 책을 이처럼 융합적 방식으로 읽으면 고전을 통해 세상을 보는 지혜의 눈이 뜨일 것이다.

『문해독서』는 초등학생용 시사논술 월간지 '행복한 논술'이 10년 넘게 개발한 신개념 독서 프로그램이다. 이들 책에는 4차 산업혁명 시대의 초등학생이라면 갖춰야 할 다양한 영역의 배경 지식과 지혜가 담겨 있다. 선정한 책마다 독서의 방향성과 지식의 확장성을 뒷받침할 수 있는 전체 내용 요약 지문과 급별로 7~8개의 심층 질문을 제시한다. 마지막 심층 질문은 시사와 연계해 토론과 논술이 가능하도록 해서, 융합적 사고력과 문제 해결 능력을 키울 수 있다. 한 권의 책을 읽어도 뚫어지게 읽으면서 평생의 자양분으로 삼으면 좋겠다.

행복한 논술 편집부

차례 보기

과학
01 『두 얼굴의 에너지, 원자력』   7
원자력 발전 늘려야 할까

02 『생명 윤리 논쟁』   17
생명 윤리 지키며 과학 발전 이뤄야

03 『세계를 바꾸는 착한 기술 이야기』   27
적정 기술로 저개발국 돕고 환경도 보호한다

경제
04 『유엔 미래 보고서가 선정한 미래 유망 직업 미래 직업, 어디까지 아니?』   37
미래 유망 직업 알려면 기술 흐름 읽어야

05 『수상한 돈돈농장과 삼겹살 가격의 비밀』   47
가격은 어떻게 결정될까

문화
06 『이희수 교수님과 함께하는 어린이 이슬람 바로 알기』   57
신비하고 독특한 이슬람 문화

기타	07	『닭답게 살 권리 소송 사건』 **동물에게도 행복할 권리가 있다**	67
국내 문학	08	『기호 3번 안석뽕』 **힘을 합쳐 행동하지 않으면 바꾸지 못한다**	77
	09	『이 박을 타거들랑 밥 한 통만 나오너라 흥부전』 **더불어 사는 삶의 지혜를 발견하다**	87
	10	『일투성이 제아』 **자기 성장에 필요한 관계 맺기 보여 줘**	97
	11	『칠칠단의 비밀』 **나라를 빼앗긴 사람들의 고통에 관한 이야기**	107
세계 문학	12	『샬롯의 거미줄』 **진정한 삶의 행복과 우정의 가치 그려**	117
		답안과 풀이	127

☞ 지침서는 행복한 논술 홈페이지(www.niefather.com) 자료실에서 내려받으실 수 있습니다.

원자력 발전 늘려야 할까

01 과학

『두 얼굴의 에너지, 원자력』
김성호 지음, 길벗스쿨 펴냄, 168쪽

 줄거리

　원자력 발전소는 우라늄을 핵분열하게 만들어 얻은 에너지를 이용해 전기를 생산한다. 핵연료를 사용하기 때문에 위험한 데다 관리가 어렵다. 하지만 원자력 발전에 찬성하는 사람들은 원자력 에너지가 친환경적이고 비용도 적게 들면서 많은 양의 에너지를 한꺼번에 얻을 수 있어서 효율적이라고 말한다. 반대하는 사람들은 방사성 폐기물이 환경을 위협하고, 사고 처리 비용까지 합치면 다른 발전보다 비용이 더 많이 들며 안전하지도 않다고 말한다.

폭발한 후쿠시마원자력발전소 방사능 위험 안 알려

▲일본 정부와 정치가는 물론 언론까지 후쿠시마 원자력발전소 사고에 입을 닫았다.

(가)2011년에 일본 후쿠시마원자력발전소가 폭발하고, 주변은 방사능 수치가 1000배 넘게 올랐어요. 일본 정부는 후쿠시마 사고 때문에 외국인들이 일본에 오지 않을까 봐 외국의 눈치도 봐야 하고, 일본 국민도 안심시켜야 했기 때문에 침묵했어요. 정치가는 물론 신문과 방송, 학자들도 후쿠시마원자력발전소의 사고를 외면했지요. 사람들은 그들을 "원전 마피아!"라고 비아냥거렸어요. 마피아란 서양의 범죄 조직을 말해요. 원자력 발전소를 소유한 거대 기업들이 신문과 방송, 대학교에 돈을 뿌리고, 정치인과 정부 관계자에게는 원자력 발전소에 유리한 법과 정책을 만들어 줄 것을 부탁했지요. (17, 22~23쪽)

핵무기 위험 알려지자 원자력 발전에 힘써

▲미국이 일본의 히로시마와 나가사키에 원자폭탄을 떨어뜨린 뒤 그 위력을 알게 되었다.

(나)우라늄은 처음 인류를 공격하는 무기로 사용되었어요. 바로 원자폭탄이에요. 제2차 세계대전 때 독일과 일본은 원자폭탄을 만들기 시작했고, 미국과 러시아(옛 소련)도 원자폭탄을 만들려고 많은 돈을 쏟아 부었지요. 미국은 일본의 히로시마와 나가사키에 원자폭탄을 떨어뜨렸습니다. 두 도시는 잿더미가 되었고 20만 명이 넘는 희생자가 생겼어요. 강대국들이 저마다 핵무기를 개발하자 사람들은 불안해졌고, 핵확산금지조약(NPT)이라는 기구를 만들어 더 이상 핵무기를 만들지 않기로 했어요. 핵무기를 가진 나라들은 우라늄을 다른 곳에 쓸 방법을 찾았어요. 원자력 발전소의 시대가 열리게 된 것이죠. (47~52쪽)

이런 뜻이에요

핵확산금지조약 핵무기를 보유하지 않은 나라가 핵무기를 보유하거나, 핵무기를 보유한 나라가 다른 나라에 핵무기를 넘겨주지 못하게 금지한 조약.

> 본문 맛보기

핵분열 때 고열 식히는 냉각수 수증기로 터빈 돌려

(다)에너지, 자석, 원통, 코일만 있으면 전기를 만들 수 있어요. 발전소는 수증기 에너지가 터빈이라는 기계로 전달되는데, 터빈에는 코일이 감겨 있고 거대한 자석이 들어 있어요. 터빈이 돌 때 자석도 회전하면서 코일과 만나 전기가 만들어져요. 원자로에 농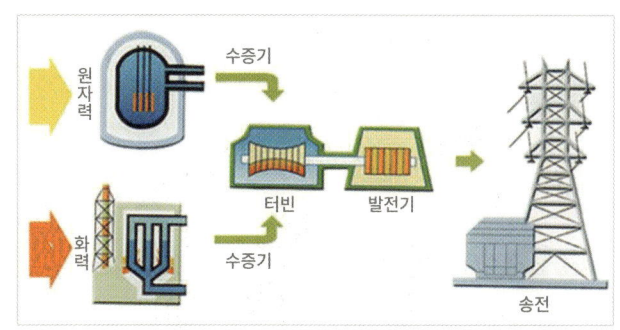축한 우라늄 덩어리가 든 핵 연료봉을 넣으면 핵분열이 일어나면서 뜨겁게 달궈져요. 뜨거워진 원자로는 재빨리 식혀야 하는데 이때 쓰이는 물을 냉각수라고 해요. 냉각수는 붓자마자 펄펄 끓어 수증기로 변해요. 여기서 만들어진 수증기는 관을 타고 원자로 옆에 있는 터빈실로 가서 전기를 만드는 데 쓰여요. (68, 70, 73, 76~77쪽)

방사성 폐기물 처리 기술 없어 땅에 묻어

(라)원자력 발전소에서는 방사성 폐기물이 나와요. 가장 위험한 폐기물은 연료로 쓴 우라늄이에요. 다 쓴 뒤에도 여전히 뜨겁고 방사능을 내뿜기 때문이에요. 핵연료는 태우거나 바다에 버릴 수 없지요. 방사능 유출을 막아 주는 통에 넣은 뒤 땅속 깊이 묻어야 해요. 우리나라도 해마다 원자력 발전소에서 약 800톤의 폐기물이 쏟아져 나와요. 현재 우리나라는 원자력 발전소 앞마당에 건물을 지어, 사용후핵연료를 보관하고 있어요. 몇 년 뒤면 사용후핵연료를 저장할 곳이 없어요. 원자력 발전소를 지은 지는 60년이 넘는데, 핵연료를 처리하는 기술은 개발하지 못했어요. (113~116, 124~125쪽)

▲사용후핵연료를 처리하는 기술을 개발하지 못해 땅에 묻는데, 저장 공간이 부족해 문제다.

> **이런 뜻이에요**
> **사용후핵연료** 원자로에서 일정 기간 연료로 사용된 폐기물.

값싸고 안전하며 이산화탄소도 배출하지 않아

▲사용후핵연료를 다시 쓰면 우라늄 수입을 적게 해도 되고, 방사능 독성도 줄일 수 있다.

(마)원자력 발전소는 생태계를 파괴하지 않아요. 이산화탄소를 배출하지 않으므로 친환경적이에요. 발전 비용도 원자력이 가장 저렴해요. 발전 비용에서 우라늄의 값은 20% 정도만 차지해 우라늄 값이 올라도 발전단가와는 큰 상관이 없어요. 사용후핵연료를 재활용하면 우라늄을 적게 수입해도 되고, 방사능 독성은 1000분의 1로 줄어요. 쓰레기도 95% 줄일 수 있지요. 원자력 발전소 사고 확률은 비행기 사고 확률인 8000분의 1보다 훨씬 적은 100만분의 1입니다. 따라서 원자력 발전소는 안전한 에너지입니다. (130~132, 136~137, 142~144, 149~152쪽)

철거비 등 계산하면 비싸고, 대형 사고 위험 커

▲원자력 발전은 폐기물에서 나오는 방사성 물질 때문에 오염이 심하고, 대형 사고가 날 가능성도 있다.

(바)이산화탄소만 환경을 해치는 게 아니에요. 우라늄을 뽑아낸 뒤 남는 잔여물인 슬러지는 아무 데나 버리는데, 여기서도 방사성 물질이 나와요. 원자력 발전소 철거 비용과 사고가 났을 때 피해 복구 비용, 보상금도 미리 계산해야 해요. 그러면 모든 발전소 가운데 가장 비싸다는 결과가 나와요. 사용후핵연료의 재사용도 어려워요. 일본 등 여러 나라가 이를 위한 고속증식로를 가동했다 멈추었지요. 사고 확률이 100만 분의 1이라고 하지만 36년간 7기의 원자력 발전소와 1곳의 핵연료 공장에서 대형 사고가 일어났어요. 안전한 원자력 발전소란 존재하지 않습니다. (132~135, 138~141, 144~148, 152~156쪽)

이런 뜻이에요

발전단가 전기 1kWh를 생산하는 데 들어가는 비용.
슬러지 우라늄이 들어 있는 광석에서 우라늄을 뽑아내고 버리는 잔여물.
고속증식로 사용후핵연료를 재사용하기 위해 필요한 원자로.

생각이 쑤욱

1 일본 정부와 정치가, 언론 등이 2011년 3월 11일 폭발한 후쿠시마원자력발전소의 방사능 오염 문제에 침묵하는 까닭은 무엇인가요?

▲일본 도호쿠 지방 앞바다에서 일어난 대지진과 이에 따른 지진해일로 후쿠시마 제1원자력발전소의 원자로 4기가 폭발한 모습.

2 8쪽 (나)에서 원자폭탄이 터지면 사람과 건물이 어떤 피해를 당하는지 아는 대로 말해 보세요.

▲제2차 세계대전 때 일본에 원자폭탄이 터져 피해를 당한 현장. 원자폭탄이 터지면 고열과 충격파, 방사선 때문에 사람들이 죽거나 다치고 건물이 파괴된다.

머리에 쏘옥

후쿠시마원자력발전소 폭발 사고

2011년 3월 11일 일본 도호쿠 지방 앞바다에서 규모 9.0의 큰 지진이 일어났어요. 이 지진 때문에 지진해일(쓰나미)이 발생해 후쿠시마 제1원자력발전소의 원자로 1~4호기가 물에 잠기면서 폭발해 방사능 물질이 누출되었습니다. 지금도 원자로에서 방사능 물질이 계속 새어 나와 대기를 오염시키고, 빗물과 원자로 밑을 흐르는 지하수를 따라 방사능에 오염된 물이 태평양으로 흘러들고 있답니다. 이에 따라 후쿠시마 제1원자력발전소 근처뿐 아니라 일본 동북부 전체의 방사능 오염이 심한 상황입니다.

원자폭탄의 위력

미국이 1945년 8월 6일 히로시마에 터뜨린 것과 같은 원자폭탄(TNT 2만 톤의 위력)이 폭발하면 폭풍이 불어 폭발 중심에서 300m 안의 콘크리트 건물과 150~220m 안의 지하 시설, 1~5km 안의 목조 건물이 모두 파괴됩니다. 그 충격파로 사람도 죽거나 다치지요. 고열 때문에 2.5km 내에 있는 사람은 화상으로 죽거나 다치고, 1km 내의 사람은 방사선에 쏘여 사망합니다.

생각이 쑤욱

3 (다)를 참고해 원자력 발전소에서 전기를 만드는 과정을 설명하세요.

4 사용후핵연료를 더 이상 처리할 곳이 없어 발전소 가동이 멈출 수 있답니다. 하루빨리 처리장을 지어야 하는데, 지역이기주의 때문에 나서는 곳이 없습니다. 나라면 지역 주민을 어떻게 설득하겠습니까?

☞ 사용후핵연료는 방사능이 강해 발전소 안의 수조에 임시로 저장해 두는데, 발전소마다 포화 상태에 이르렀습니다.

▲사용후핵연료가 담긴 용기.

머리에 쏘옥

사용후핵연료 처리 문제 심각

▲사용후핵연료가 보관된 원자력 발전소 안의 임시 저장 수조.

우리나라 최초의 원자력 발전소는 부산의 고리 1호기입니다. 1978년 가동되기 시작했지요.

그 뒤 사용후핵연료가 쌓이기 시작했는데, 발전소마다 처리할 곳이 없어 각 발전소 안의 수조에 임시로 저장해 두고 있습니다. 문제는 더 이상 처리하기 어려운 포화 상태에 이르렀다는 데 있습니다.

사용후핵연료는 발전소 안에서 사용한 작업복이나 장갑 등보다 방사능이 더 강하게 나오는 폐기물입니다. 폐기물 처리장을 따로 지어야 하는데, 지역이기주의 때문에 어느 곳도 나서지 않습니다.

사용후핵연료 처리 문제가 풀리지 않으면 원자력 발전소를 더 이상 가동할 수 없습니다. 그리고 미래 세대에게 부담만 지우게 되지요.

생각이 쑤욱

5 (마)와 (바)를 참고해 원자력 발전 장단점 3가지를 각각 정리하세요.

장점	단점

6 원자력 발전과 화력 발전 외에 친환경적이면서도 지속 가능한 발전 방법을 3가지 이상 들고, 각각의 단점을 말해 보세요.

▲태양광 발전은 태양전지를 이용해 태양광을 직접 전기 에너지로 변환시키는 발전 방식이다.

머리에 쏘옥

지속 가능한 친환경 발전 방식

▲경기도 안산시 시화방조제에 건설된 세계 최대 규모의 조력 발전소.

지속 가능한 친환경 발전 방식은 태양, 풍력, 해양, 지열 에너지 등을 이용하는 것입니다. 화석 연료와 달리 재생이 가능하기 때문에 고갈되지 않습니다. 오염 물질이나 이산화탄소 배출도 적어 친환경적입니다.

태양광 발전은 태양전지를 이용해 햇빛을 직접 전기 에너지로 변환시키는 발전 방식입니다. 태양열 발전은 태양열을 모으는 집열 장치를 이용해 열을 모은 뒤 물을 끓일 때 나오는 수증기로 터빈을 돌려 전기를 생산합니다.

풍력 발전은 바람의 힘으로 발전기의 날개를 회전시켜 전기를 만들지요.

조력 발전은 바다에 댐을 쌓아 만조 때는 물을 가두고, 간조 때는 물을 내보내 터빈을 돌려 전기를 생산합니다.

지열 발전은 화산이나 지진이 잦은 곳의 뜨거운 지하수나 지하의 열을 이용해 전기를 만듭니다.

생각이 쑤욱

7 원자력처럼 과학 기술의 양면성 때문에 애초부터 인류에게 피해를 줄 수 있는 발명이나 개발은 하지 말아야 한다고 주장하는 사람들이 있습니다. 이 주장의 문제점을 지적하고, 원자력 외에 다른 발명이나 개발을 예로 들어 이 주장을 꺾어 보세요(1분 30초).

▲스웨덴의 발명가 알프레드 노벨(1833~96)은 평화를 기원하며 다이너마이트를 발명했지만, 전쟁 무기로도 사용되었다.

머리에 쏘옥

과학 기술의 양면성

과학 기술은 여러 분야에서 생활을 편리하게 하지만 부작용을 낳기도 합니다.

3D프린터의 경우 물건을 입체적으로 만들어 낼 수 있기 때문에 맞춤형 물건이나 의료 기기, 건축 등에 활용할 수 있습니다. 하지만 도면만 있으면 누구나 권총 등 위험한 물건을 만들 수 있답니다.

미국의 라이트 형제가 만든 비행기는 승객을 빠르게 실어 나르는 여객기로 이용되지만, 사람을 죽거나 다치게 하는 폭격기로도 이용됩니다.

과학자들이 그렇다고 부작용만 생각해 발명이나 개발을 하지 않았다면 인류는 지금도 원시 시대에 살고 있을 것입니다. 문제는 과학자가 처음부터 윤리에 어긋나는 의도로 연구해서도 안 되고, 사용하는 사람도 악용하면 안 된다는 것입니다.

그리고 이러한 일이 일어나지 않도록 법과 제도를 촘촘하게 만들어야 합니다.

생각이 쑤욱

8 원자력 발전소를 늘리는 문제를 놓고 찬반 의견이 있습니다. 본문과 아래 기사를 참고해, 내 생각은 어떤지 한 가지를 골라 자기 주장을 펴 보세요(400~500자).

우리나라가 전기를 생산하는 데 사용하는 에너지는 2017년 현재 석탄이 46.2%(OECD 평균 27.2%), 원자력이 26%(OECD 평균 17.8%), 천연가스 21.1%(OECD 평균 27.4%), 신재생 에너지 2.8%(OECD 평균 12.2%), 석유 2.2%(OECD평균 1.8%), 수력 0.5%(OECD 평균 12.6%), 기타 1.2%(OECD 평균 1%)이다. 우리나라는 석탄 발전과 원자력 발전이 경제협력개발기구(OECD) 평균보다 무척 높다. 전문가들은 환경과 국민 안전을 생각하면 석탄과 원자력 발전을 줄이고 신재생 에너지와 천연가스 사용을 늘려야 한다고 말한다.

<신문 기사 참조>

▲경북 울진의 한울원자력발전소.

경제협력개발기구 경제 발전과 세계 무역을 촉진하기 위해 만든 국제 기구. 회원국은 우리나라와 미국 등 36개국이다.

02 과학
생명 윤리 지키며 과학 발전 이뤄야

『생명 윤리 논쟁』
장성익 지음, 풀빛 펴냄, 184쪽

줄거리

생명 복제와 줄기세포, 장기 이식, 안락사 등 생명 윤리에 관한 내용이 담겨 있다. 복제 동물을 만들어 실용화하기 어려운 까닭이 무엇인지, 인간 복제가 실현되면 어떤 문제가 생기는지, 회복이 불가능한 환자가 생명을 연장하는 치료를 그만두는 것이 옳은 선택인지 등을 살폈다. 과학 발전이 이뤄질 때 인간의 존엄성과 인권을 지켜야 함도 보여 준다.

동물 복제 성공률 낮고 안전성 검증 안 돼

▲동물을 대량으로 복제하면 맛 좋은 고기와 우유를 값싸게 먹을 수 있다.

(가)동물을 복제하면 사람에게 필요한 동물을 얻을 수 있다. 예를 들면 사람에게 거부 반응을 일으키지 않는 동물을 만들면 그 동물의 장기를 사람에게 이식할 수 있다. 특히 돼지의 장기는 사람의 장기와 비슷해 쓸모가 많다. 그뿐 아니라 고기가 맛있는 소나, 우유가 많이 나오는 소를 대량으로 복제하면 맛좋은 고기와 우유를 더 값싸게 먹을 수 있다. 동물이나 사람의 질병을 연구하는 데도 도움이 된다. 하지만 동물 복제의 성공률은 아주 낮다. 모든 종류를 통틀어 평균 2~3%를 넘지 못한다. 복제 동물은 정상 동물보다 수명도 짧고, 질병과 기형, 장애도 많다. 복제 동물은 건강이나 안전성이 아직 검증되지 않아 위험하다. (57~58쪽)

인간을 복제하면 정체성과 존엄성 파괴돼

▲복제된 사람은 유전적으로는 같다. 하지만 성격이나 행동, 취향, 소질은 다를 수 있다.

(나)모든 나라에서 인간 복제는 현재 법으로 금지돼 있다. 인간 복제가 안고 있는 문제점과 위험성이 큰 탓이다. "인간 복제는 인간의 정체성과 존엄성을 파괴하는 위험하고 무책임한 행위라고 생각합니다. 모든 사람은 고유한 단 하나의 존재잖아요. 그런데 복제 인간은 자신의 유전자가 사전에 결정된 탓에 어떤 사람인지 미리 다 알게 됩니다. 이런 복제 인간이 온전한 인간의 지위를 가진다고 할 수 있을지도 의문입니다. 인간 복제는 인간의 개념을 뿌리째 흔드는 행위라고 할 수 있습니다. 무엇보다 어떤 목적으로든 인간을 복제하면 이미 그 복제 인간은 목적을 위한 수단이나 도구가 되는 거잖아요?" (60~66쪽)

줄기세포 연구로 난치병과 장애 고칠 수 있어

(다)줄기세포 연구는 난치병과 장애로 고통을 당하는 사람들에게 희망을 안겨 주고 있다. 치매와 파킨슨병, 척수 손상, 당뇨병 등 난치병 환자를 치료할 수 있는 비결이 줄기세포에 담겨 있다. 화상을 입은 환자에게 이식할 새로운 피부도 만들 수 있다. "새로운 치료법을 개발한다는 명분으로 배아에서 줄기세포를 뽑아내는 것은 생명을 망가뜨리는 행위입니다. 배아는 자라서 나중에 아기로 태어나잖아요. 배아는 곧 생명이고 인간입니다. 하지만 생명공학자들은 수정 이후 14일 이전까지의 배아는 세포 덩어리에 불과하다고 주장합니다." (87~89쪽)

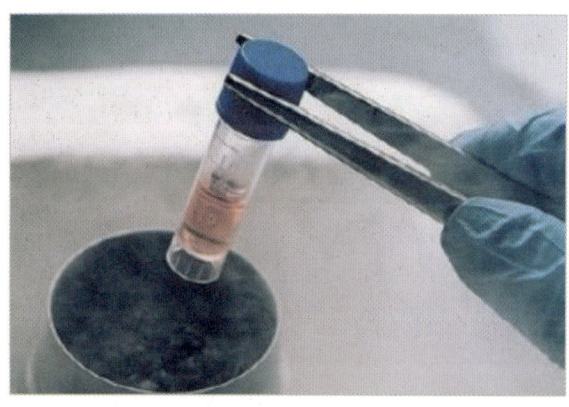
▲줄기세포는 여러 종류의 신체 조직이 될 수 있는 세포다.

장기 기증하면 생명 살릴 수 있는데 기증률 낮아

(라)장기 이식이란 신장, 간, 심장, 폐 같은 신체 조직이나 장기를 다른 사람에게 옮겨 주는 것을 말한다. 장기가 필요한 사람은 많은데 제공되는 장기는 턱없이 모자란다. 장기 제공자가 많지 않기 때문이다. 그래서 장기를 받을 순서를 기다리다 죽음을 맞는 사람도 적지 않다. 이를 해결하려면 뇌사자의 장기 기증을 늘리는 일이 중요하다. 우리나라의 뇌사자 장기 기증 비율은 10%로, 세계에서 가장 낮은 편이다. 80~90%가 넘는 나라도 있다는데 말이다. "장기 부족이 문제라면 장기를 기증하는 사람에게 돈으로 보상하는 방법을 쓰면 안 되나요? 그러면 장기 기증이 늘어날 테니까요." (115, 119~120쪽)

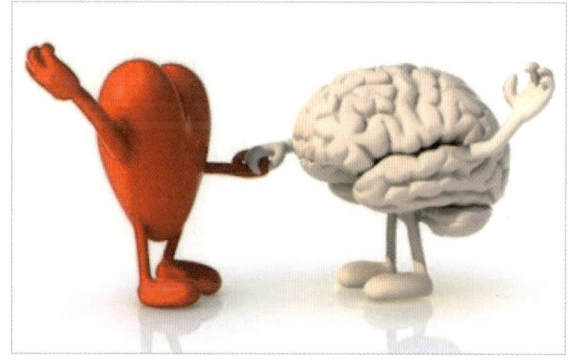
▲장기를 이식하면 생명을 살릴 수 있다. 하지만 우리나라는 장기 기증 비율이 세계적으로 가장 낮은 수준이다.

본문 맛보기

인공 장기 개발로 신체 기능 개선 가능

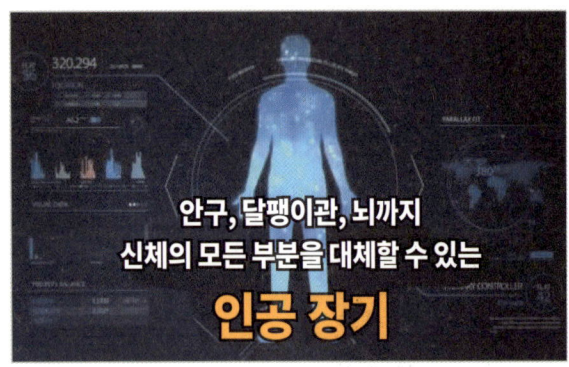

▲인공 장기가 모두 개발되면 신체의 모든 부분을 대체할 수 있다.

(마)첨단 기술이 급속하게 발전하면서 인공 장기 개발의 가능성이 열리고 있다. 지금 사용되거나 연구 중인 인공 장기의 종류는 많다. 심장, 신장, 간, 피부, 혈액, 혈관, 각막, 뼈 등 다양하다. 하지만 잘못 사용하면 심각한 문제가 생길 수 있다. 인공 장기는 사람이 본래 타고난 능력이나 신체 기능을 인위적으로 개선하는 데 사용될 수 있기 때문이다. 세상은 그런 것을 구입할 수 있는 사람과 그럴 수 없는 사람으로 나뉜다. 이렇게 되면 부자는 손쉽게 훨씬 더 뛰어난 능력과 특수 기능까지 몸에 달고 다닐 수 있다. 하지만 가난한 사람은 주어진 것에 만족하면서 살아야 한다. 너무 불공평한 일이다. (129~130쪽)

안락사는 회복할 수 없는 경우 선택하는 죽음

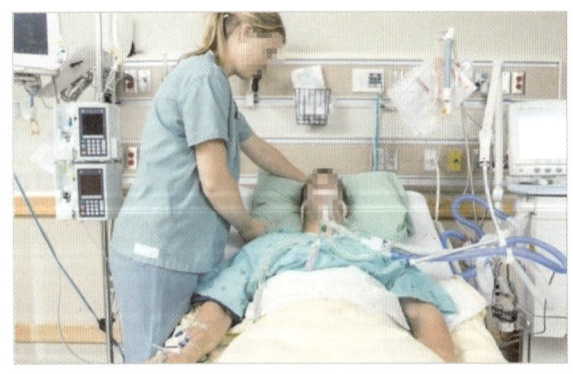

▲회복 가능성이 없는 환자는 스스로 안락사를 선택하기도 한다.

(바)현대 의학 기술이 발달하면서 큰 병에 걸린 사람도 생존 기간이 늘어났다. 하지만 그렇다고 병이 완치되거나 상태가 나아지는 게 아니라 생명만 유지되는 것이고, 그만큼 고통의 시간만 늘어난다. 그 탓에 병원비가 감당하기 힘들 만큼 많이 늘어나기도 한다. 결국 고통으로 몸부림치다 죽거나 아무런 의미 없이 살다 죽을 바에야 품위 있게 일찍 죽는 게 낫다는 생각을 하게 된 것이다. 죽음의 시점이나 방법을 스스로 결정하겠다는 생각이 널리 퍼진 것도 안락사의 배경 가운데 하나다. 자신의 삶과 죽음에 대한 결정권을 스스로 행사하겠다는 것이다. 요즘에는 '웰다잉'을 추구하는 사람들이 늘어난 점도 안락사와 관계가 깊다. (143~144쪽)

생각이 쑤욱

1 동물을 복제하면 좋은 점을 아는 대로 말해 보세요.

2 인간 복제가 허용되면 어떤 문제가 생길까요?

▲복제 인간은 자기 정체성에 혼란을 느끼게 된다.

머리에 쏘옥

동물 복제의 그늘

▲세계 최초의 체세포 복제 포유류인 '돌리'의 모습.

'돌리'는 영국에서 1997년 체세포 복제 방식으로 태어난 최초의 포유류입니다. 그런데 정상적으로 태어난 양의 경우 평균 12년을 사는데, 그 절반인 6년을 살면서 관절염과 폐암에 시달리다 죽었습니다.

일본에서 복제한 생쥐도 12마리 가운데 10마리가 평균 수명의 절반밖에 살지 못했습니다. 더구나 모두 간과 폐가 망가져 암이 생겼습니다.

동물을 복제하는 행위는 동물을 돈벌이의 수단이나 도구로 여긴다는 문제점도 있습니다.

3 (다)의 밑줄 친 부분에서 생명공학자의 말에는 어떤 문제점이 있나요?

4 우리나라는 장기 기증 비율이 낮은 편인데, 장기 기증을 늘릴 수 있는 방법을 제안하세요.

▲장기 기증 등록 카드. 'SAVE9'은 뇌사자의 장기 기증으로 9명의 생명을 구할 수 있다는 뜻이다.

머리에 쏘옥

배아 연구에 대한 시각

배아란 세포 접합체가 한 번 이상 분열을 하기 시작한 때부터 완전한 개체가 되기 전까지의 발생 초기 단계를 말합니다.

배아 연구를 반대하는 사람들은 임신 기간을 거치면서 생명체가 되기 때문에 조작이나 실험의 대상이 될 수 없다고 주장합니다. 14일이 지난 배아나 수정란 모두 엄마의 배 속에 들어 있는 채로 보호를 받았기 때문이지요. 또 인간의 생명을 인위적으로 조작해 수단으로 이용하는 행위여서 인간의 존엄성을 거스른다고 봅니다.

장기 기증을 늘리기 위한 방법

장기 이식이 필요한 환자는 해마다 늘어나지만, 기증을 희망하는 사람은 줄고 있습니다.

스페인과 프랑스는 명백한 장기 기증 거부 의사가 없을 경우 기증 희망자로 간주하는 제도를 도입했습니다. 미국이나 영국은 운전 면허를 딴 사람에게 장기 기증 신청 방법을 안내하는 등 다양한 방법을 시도하고 있습니다.

 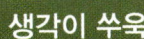

5 인공 장기를 개발해 사용할 때 불평등 문제가 생기지 않게 하려면 어떤 기준을 세워야 할지 예를 들어 설명하세요.

6 안락사가 생명 경시 풍조를 부추긴다는 이유로 반대하는 사람이 있는데, 안락사가 존엄한 죽음이라는 근거를 들어 이 주장을 반박하세요.

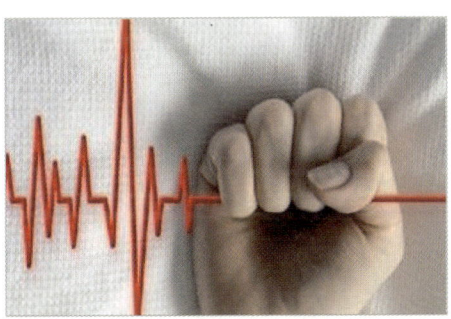

▲세계 여러 나라는 죽음을 선택할 권리를 개인에게 부여하는 안락사를 허용하고 있다.

머리에 쏘옥

안락사와 인간의 존엄성

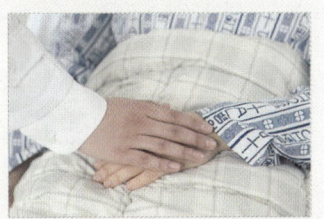

▲안락사는 인간이 존엄하게 죽을 권리를 인정하는 것이다.

안락사는 죽음을 앞둔 환자의 고통을 덜어 줄 수 있는 효과적인 방법입니다. 회복 가능성이 없는 환자에게 편안하게 죽을 권리를 주는 것이지요.

연명 치료를 무의미하게 하면 환자가 존엄하게 죽을 수 있는 권리를 빼앗는 일입니다. 죽음을 선택할 권리는 자신에게 있기 때문이죠.

헌법에서는 인간답게 살 권리를 보장하고 있습니다. 전문가들은 헌법이 보장하는 존엄하게 살 권리가 인정된다면 존엄하게 죽을 권리인 죽음의 자기 결정권도 인정해야 한다고 말합니다.

생각이 쑥욱

7 벨기에는 세계 최초로 18세 미만의 어린이들에게 안락사를 허용하는 법을 2014년에 만들었습니다. 아래 글을 참고해, 어린이에게 안락사를 허용하면 생길 수 있는 문제점을 지적하세요.

벨기에 국회가 회복이 불가능한 말기 미성년 환자도 '죽을 권리'가 있다고 안락사를 허용하는 법을 2014년에 만들었다. 어린이의 안락사를 허용한 나라는 벨기에가 처음이다. 이번에 통과된 법은 불치병이나 치료가 불가능한 고통을 앓고 있어 죽음에 임박한 어린이들에게 안락사를 선택할 수 있는 길을 열어 주었다. 미성년이 안락사를 요청하려면 안락사의 의미를 이해할 수 있는 지적 능력이 있어야 하고, 부모나 법적 보호자의 동의와 전문의의 판단이 필요하다.

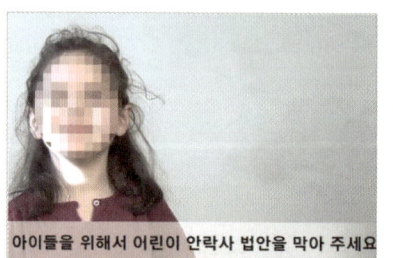
▲어린이 안락사법을 막아 달라고 호소하는 어린이.

머리에 쏘옥

어린이 안락사의 문제점

벨기에는 세계에서 유일하게 18세 미만의 어린이들에게도 안락사를 허용합니다.

2002년부터 18세 이상의 고통을 겪는 사람들에게 안락사를 허용했고, 2014년에는 법을 고쳐 나이 제한을 없앴지요.

하지만 어린이들이 한 번 선택하면 되돌릴 수 없는 죽음의 의미를 제대로 알고 안락사를 선택하는지 알 수 없습니다. 어린이 스스로 안락사를 결정할 수 있는 판단력이 부족하기 때문입니다.

어린이 환자들이 끝까지 살아야겠다는 삶의 희망을 쉽게 포기할 수도 있습니다.

8 아래 기사를 참고해 생명과학 기술의 발전으로 사람들의 생활이 어떻게 달라질지 말하고, 생명과 관련된 기술을 연구할 때 생명 윤리를 지켜야 하는 까닭을 설명하세요 (400~500자).

> 인간 복제는 기술적으로 아직 어렵다. 하지만 기술보다 더 해결하기 어려운 문제가 복제를 둘러싼 윤리 문제다. 과학자들은 불치병을 치료하려고 인간 체세포 배아줄기세포를 복제했다. 그리고 줄기세포를 여러 연구에 활용하려고 원숭이까지 복제하는 데 성공했다. 지금은 인간 복제 전 단계로 장기를 만드는 연구를 진행하고 있다. 일본은 2017년에 인간의 소장과 닮은 '미니 소장'을 만들었다고 발표했다.
>
> <신문 기사 참조>

▲줄기세포 기술을 이용하면 맞춤형 장기를 만들 수 있다.

03 과학 | 적정 기술로 저개발국 돕고 환경도 보호한다

『세계를 바꾸는 착한 기술 이야기』
유영선 외 지음, 북멘토 펴냄, 184쪽

줄거리

세계 여러 나라에서 실제로 쓰이는 여덟 가지 적정 기술을 소개했다. 물이 부족한 나이지리아의 항아리냉장고, 숲이 사라지는 아이티의 사탕수수숯 등 적정 기술을 발명한 사람과 그 기술로 웃음을 되찾은 사람들의 이야기를 여덟 편의 동화로 엮었다. 적정 기술의 탄생 배경과 의미, 가치도 생각하게 만든다. 저마다의 방식을 이해하고 서로 다른 문화를 존중한다면 삶을 더욱 풍요롭게 할 수 있음도 강조했다. 적정 기술에 숨겨진 과학의 원리와 지식도 풀어 줬다.

본문 맛보기

항아리냉장고 개발해 과일과 채소 등 보관

▲항아리냉장고는 큰 항아리에 작은 항아리를 넣은 뒤, 항아리 사이에 젖은 모래를 채워 만든다.

(가)수확한 농작물을 팔러 꼬박 하루를 걸어 시장에 다녀오면 언니의 발은 물집으로 가득했습니다. 시장에 가느라 학교에도 가지 못했는데, 채소는 거의 썩어 팔지 못했어요. "냉장고가 있으면 좋겠지만 우리 마을에는 전기가 들어오지 않아요." "항아리냉장고는 전기가 필요 없고, 만드는 방법도 간단하지요." 마을 사람들이 술렁거렸습니다. 모하메드 아저씨는 큰 항아리에 작은 항아리를 넣고 두 항아리 사이에 모래를 채웠어요. 모래에 물도 부었습니다. "작은 항아리에 과일이나 채소를 넣으면 보름 동안은 신선할 겁니다." (20~23, 26쪽)

페트병전구 만들어 집 안 환하게 밝혀

▲페트병전구에 햇빛을 통과시키면 전기 없이도 집 안을 밝히는 전등 효과를 낸다.

(나)우리 동네는 낮에도 집 안이 아주 어두워요. 전기가 잘 들어오지 않아 전등을 켜지 못하고요. 창문이 없어 빛이 들어오지도 않아요. 호세가 오래되어서 모서리가 누렇게 된 신문을 내게 보여 줬어요. 신문에는 아저씨가 페트병을 들고 웃는 사진이 있었어요. 아저씨가 페트병과 세제를 이용해 햇빛페트병전구를 발명했다는 기사였지요. 신문을 읽으니까 당장 페트병전구를 만들고 싶었어요. 재료를 구하기도 쉽고, 만들기도 간편하니까요. 우리는 1분도 안 걸려 만들었지요. 투명한 페트병에 세제와 물을 넣으면 끝이니까요. (59, 62~64쪽)

본문 맛보기

빨대 모양 정수기 있으면 깨끗한 물 마실 수 있어

(다) '더 이상 친구들이 죽지 않았으면….' 나나네 마을의 우물은 오래전에 말랐어요. 물을 구하려면 두 시간 넘게 걸어야 해요. 먹을 물은 더욱 귀합니다. 병에 걸리지 않으려면 물을 끓여야 하는데, 장작을 구하려면 또 두 시간 넘게 걸어야 하거든요. 아이들은 땅에 고인 물을 손으로 떠 마시기도 합니다. "작년에 말라리아 퇴치 모기장을 나눠 줬던 회사 사람들이 정수기도 만든다고 했잖아. 편지를 보내 보자." "아베나와 제가 생각한 건데 정수기는 너무 크면 안 돼요. 작은 정수기는 빨대 모양이면 좋겠어요." (79~83, 87쪽)

▲아이들이 학교에 가는 대신 물을 구하러 가는데, 두 시간 넘게 걸어야 한다.

난로 위에 열저장 장치 붙이면 난방비 줄어

(라) 몽골은 겨울이 깁니다. 9개월이나 되지요. 추울 때는 영하 50도까지 내려갑니다. 체르마의 가족은 도시로 이사 온 뒤 가족 모두 일을 해도 난방비를 대기에 빠듯했어요. 체르마도 쓰레기 언덕에서 땔감을 모아 오는 일을 합니다. 보통 석탄이나 나무를 쓰지만 난방비를 줄이려고 비닐이나 폐타이어를 섞어서 씁니다. 그런데 태울 때 어찌나 냄새가 고약한지 숨 쉬기도 힘들 지경이에요. 한국에서 온 사람들이 난로 위에 붙이는 열저장 장치를 소개했어요. 시범적으로 사용할 집을 뽑는다기에 체르마는 귀를 쫑긋 세우고 눈을 크게 떴지요. (119~122쪽)

▲난로에 열저장 장치를 붙이면 열을 오래 지속시켜 난방비를 줄일 수 있다.

사탕수수 줄기로 숯 만들어 돈도 벌고 벌목 막아

▲사탕수수로 만든 숯은 장작보다도 화력이 좋아 숲에서 벌목을 줄일 수 있다.

(마)"숯은 나무로 만드는 거 아닌가요? 나무를 구하기가 얼마나 힘든데요." "들판에서 쉽게 구할 수 있는 재료로 만들면 되지요. 아이티에서 제일 흔한 게 뭔가요?" "사탕수수요! 설탕을 만들고 남은 줄기를 이용하는 거예요." 사람들이 웅성거렸지요. 쓰레기로 숯을 만들다니 놀랍다면서요. 숯을 만드는 도구가 생긴 뒤 나디아네 마을에는 작은 변화가 생겼습니다. 동네 사람들끼리 더욱 친해졌지요. 숯을 만들 때 함께 일하면 훨씬 쉽거든요. 쓰고 남은 숯을 시장에 내다 팔아 살림도 조금은 여유가 생겼습니다. (147, 152쪽)

구르는 물통은 물 긷는 아이들 고통 덜어 줘

▲구르는 물통을 이용하면 어린이라도 75리터의 물을 손쉽게 운반할 수 있다.

(바)핸드릭스 형제는 구르는 물통을 함께 만들 기업을 찾았지만 함께하겠다는 회사가 없었습니다. 구르는 물통이 필요한 사람들이 그것을 살 수 있겠느냐는 이유였어요. 그래서 인터넷 사이트를 만들어 아프리카의 물 부족 문제를 알렸지요. 구르는 물통을 만드는 데 생기는 어려움도 함께요. 그러자 세계 곳곳의 사람들이 관심을 보였어요. 돈을 보내는 사람도 있었답니다. 국제 구호 단체에서도 함께하기로 했습니다. "그런데 이건 얼마예요?" "65달러 정도야" "에이, 그럼 못 사겠다." "마을 사람들에게 물통을 선물로 주려고 해." (172~174쪽)

생각이 쑥쑥

1 (가)~(라)를 참고해 가난한 나라의 사람들이 겪는 어려움을 아는 대로 들어보세요.

> **머리에 쏙쏙**
>
> **페트병에서는 왜 빛이 날까**
>
> 페트병전구는 빛의 산란 작용을 이용했습니다. 페트병에 물을 넣고 세제를 풀면 빛이 페트병을 통과할 때 세제 성분과 만나 흩어집니다. 이를 빛의 산란 작용이라고 합니다.
>
> 이때 페트병 속에 넣은 세제는 산란 작용이 잘 일어나도록 돕는 역할을 합니다. 빛을 여러 방향으로 보내 주는 것이죠.
>
> 페트병전구는 약 55와트의 진짜 전구와 비슷한 빛을 내는데, 어두운 방안을 환하게 밝힐 정도입니다.

2 (가)~(라)에 나오는 적정 기술 제품을 한 가지만 골라 그 제품에 담긴 과학적 원리를 설명하세요.

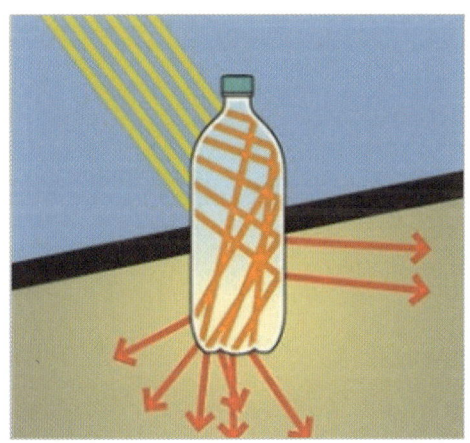

▲햇빛은 페트병 속에 녹아 있는 세제 성분과 만나 산란되면서 전등처럼 주변을 밝힌다.

생각이 쑤욱

3 (다)에서, 나나네 마을에 빨대 모양의 정수기가 많이 보급되면 마을 사람들의 생활이 어떻게 바뀔까요?

▲빨대 모양의 휴대용 정수기는 오염된 물을 걸러 마실 수 있게 바꿔 준다.

4 (가)~(라)에 나온 적정 기술의 특징을 참고해, 적정 기술을 개발할 때 꼭 고려해야 할 점을 모두 말해 보세요.

머리에 쏘옥

플레이펌프의 실패

플레이펌프는 '회전 무대'라는 놀이 기구와 '펌프'를 결합한 적정 기술입니다. 아이들이 뛰놀면 자동으로 지하수를 끌어올릴 수 있도록 만들었지요.

하지만 펌프를 돌리려면 여성 혼자서는 어렵고, 여러 명이 힘을 합쳐서 돌려야 작동되었습니다.

그래서 물이 필요할 때마다 아이들이 하루 종일 학교에도 가지 않고 힘을 써야 했지요. 더구나 아이들이 더운 날씨에는 아예 놀려고도 하지 않았지요. 유지비와 보수비도 너무 많이 들었어요.

그러다 보니 물을 매일 사용해야 하는 주민들에게 외면을 당했습니다.

▲플레이펌프는 현지 사정을 고려하지 않고 만들어 보급이 중단되었다.

생각이 쑤욱

5 (바)의 밑줄 친 부분처럼, 적정 기술 개발에 참여를 꺼리는 기업들에게 적정 기술을 개발하면 가난한 사람들을 돕고 수익도 올릴 수 있다고 예를 들어 설득해 보세요.

▲가난한 사람들을 도와 보람을 얻고 돈도 벌 수 있는 적정 기술 제품이 늘어나고 있다.

6 적정 기술 제품을 가난한 사람들에게 무료로 나눠 주는 데 반대하는 사람들도 있습니다. 내 의견은 어떤지 찬반 의견 가운데 한 가지를 골라 말해 보세요.

머리에 쏘옥

'머니메이커'를 돈을 받고 판 이유

머니메이커는 수동식 물 공급 펌프입니다. 사회적 기업인 킥스타트가 처음 개발한 적정 기술 제품입니다. 가난한 아프리카 농민의 소득 증대를 위해 개발했는데, 모터 없이 두 발로 밟아서 작동시킵니다.

그런데 킥스타트는 당시 비정부기구(NGO)와 달리 머니메이커를 무료로 나눠 주지 않고, 65달러에 생산해 7달러의 이익을 붙여 유통업자에게 넘겼지요. 소비자는 95달러(약 10만 원)에 살 수 있었습니다.

킥스타트는 돈을 받고 머니메이커를 판 이유를 다음과 같이 설명했습니다. "공짜로 주면 지역 경제 기반과 기업가 정신을 훼손하고 현지인이 스스로 일어설 기회까지 빼앗는다. 공짜로 받은 것은 돈을 주고 산 것만큼 가치 있게 여기지 않기 때문이다."

▲머니메이커는 적정 기술의 성공 사례로 꼽힌다.

생각이 쑤욱

7 경제력이 좋지 않거나 지역 환경이 나빠서 과학 기술의 혜택을 누리지 못하는 사람들을 위해 적정 기술 제품 아이디어를 한 가지만 내 보세요.

이름	
개발 이유	
쓰이는 곳	
특징	
제품에 담긴 과학적 원리	
완성품 모습 (사진 또는 그림)	

머리에 쏘옥

자전거세탁기

전기가 들어오지 않는 저개발국에서는 손빨래를 하며 하루를 보내는 여성이 많습니다. 미국의 매사추세츠공대가 이러한 여성들을 돕기 위해 자전거세탁기를 만들었습니다. 전기가 필요하지 않아 어디서든 사용할 수 있지요.

저개발국에서는 비교적 구하기 쉬운 자전거와 드럼통을 이용해 만들었지요. 드럼통을 잘라 낸 뒤, 자전거의 체인을 연결해 페달을 밟으면 드럼통이 돌아갑니다. 드럼통 안에는 물과 빨래를 회전시켜 세탁이 되게 하는 장치를 설치했습니다. 어린이도 발로 페달을 밟아 돌릴 수 있습니다.

▲못 쓰는 자전거와 드럼통을 결합해 만든 자전거세탁기.

생각이 쑤욱

8 환경 오염이나 자원 고갈이 없이 지속 가능한 발전에 적정 기술이 필요한 까닭을 설명하고, 앞으로 적정 기술을 어떻게 발전시켜야 하는지 제시하세요(400~500자).

'마을을 바꾸는 착한 기술'이라는 주제로 적정 기술박람회가 경기도 고양시 일산호수공원에서 시작되었다. 이번 박람회는 문명 발달의 혜택을 누리지 못하는 특정 지역의 환경에 알맞은 기술을 제시해, 더불어 사는 의미를 되찾기 위해 마련되었다. 여러 적정 기술을 경험할 수 있는 체험 존도 운영한다. 공기청정기 등 적정 기술을 활용한 여러 기기를 만들어 보고, 페달 기기나 플라스틱 재활용 기기, 태양광 기기, 난로나 화덕 등의 적정 기술을 활용한 제품도 체험할 수 있다.

<신문 기사 참조>

▲어린이들이 자전거 페달 기기를 체험하고 있다.

미래 유망 직업 알려면 기술 흐름 읽어야

04 경제

『유엔 미래 보고서가 선정한 미래 유망 직업
미래 직업, 어디까지 아니?』

박영숙 지음, 고래가숨쉬는도서관 펴냄, 152쪽

 줄거리

초등학생인 진지해와 정보통은 아직 꿈을 찾지 못했다. 두 아이는 미래 직업 박람회장을 찾아가 다양한 미래 직업을 돌아보며 진로를 탐색한다. 둘은 증강현실전문가, 인공지능전문가. 세계자원관리자, 날씨조절관리자, 우주여행가이드 등 54개의 다양한 미래 직업을 만난다. 그리고 과학 기술의 발전과 사람들의 가치관 변화에 따라 직업이 없어지기도 하고, 새로 생기기도 한다는 사실을 안다. 둘은 또한 자신이 좋아하는 분야의 미래 직업을 탐색하며, 꿈을 이루려면 사회 변화에도 관심을 가져야 한다는 사실을 깨닫는다.

본문 맛보기

미래 직업 세계 둘러보며 직업에 대한 관심 키워

▲미래 직업 박람회를 통해 유망 직업과 사회 변화를 알 수 있다.

(가)어른들이 '커서 뭐가 될래?' 하고 자주 물어 보시는데, 솔직히 말해 초등학생인 저는 아직 제가 어떤 일을 하게 될지 잘 모르겠어요. 직업에 대해 아는 것도 없고요. 그래서 미래 직업 박람회가 열린다는 소식을 듣고 와 봤어요. 미래 직업의 세계를 둘러보는 것만으로도 직업에 대한 관심이 생길 것 같고, 제 꿈을 찾을 수 있을 것 같아요. 아직 자신의 꿈을 찾지 못했다고 걱정하는 어린이들이 있다면 여기에 소개되는 미래 직업들을 두 눈 크게 뜨고 탐구해 보세요. 관심이 있는 직업을 발견한다면 무엇을 준비하고 공부해야 하는지 알아보고 도전하세요. (6~7쪽)

의료 등 여러 분야에서 증강 현실 활용될 것

▲증강 현실을 이용한 미술 교육. 색칠을 잘하면 모니터 속에서 코끼리가 춤을 춘다.

(나)국회의원 선거가 있던 날 개표 방송을 본 적이 있나요? 진행자가 허공에 대고 손가락을 움직이면 이 동작에 따라 반투명 화면에 후보자의 얼굴과 정보가 나타나지요. 이처럼 '증강 현실'이란 모니터나 스크린, 액정 등 '화면'을 통해 눈으로 보이는 현실 세계에 정보나 가상의 물체를 합성해서 여러 가지 편의를 제공하는 기술이에요. 스마트폰 카메라에 내 위치를 비추면 가장 가까운 편의점 등의 위치를 확인할 수도 있지요. 앞으로는 의료, 게임, 쇼핑 등 여러 분야에서 응용될 거예요. 가상 영상을 실제 영상에 겹치도록 해서 둘의 구분을 모호하게 만드는 것이 증강 현실의 특징이에요. (14~15쪽)

인공지능전문가는 창의력 뛰어나야

(다) 인공 지능이란 사람처럼 스스로 생각하고, 이해하고, 행동하는 능력을 컴퓨터 프로그램으로 실현한 기술이에요. 인공 지능 로봇이 사람을 대신해 집안 청소며, 세탁, 마당 손질까지 완벽하게 해 줄 날이 머지않았어요. 인공 지능 로봇은 사람보다 빨리 어려운 문제를 풀어내기도 하고, 위험한 일을 사람 대신 해내기도 해요. 원자력 발전소 안에서 청소를 하는가 하면 무인 우주선을 타고 사람 대신 우주를 연구하는 일도 하지요. 인공지능전문가가 되기 위해서는 수학, 수리논리학, 기초과학, 심리학, 프로그래밍 등을 공부해야 하고, 무엇보다 창의력이 뛰어나야 해요. (16~17쪽)

▲인공지능전문가가 되려면 창의력이 뛰어나야 한다.

한 직장에만 매여 일하는 직장인 사라져

(라) 미래 사회에는 한 건물 가득히 한 회사 사람들이 함께 일하는 대규모 조직은 존재하지 않을 거라고 해요. 핵심적인 기능만을 남기고 나머지 업무는 아웃소싱 하는 '프리에이전트 사회'가 될 거라고 해요. 아웃소싱은 경영 효과를 높이기 위해 업무를 제3자에게 맡겨 처리하는 것이고, 프리에이전트는 일정 기간 자신이 속한 팀에서 활동한 뒤 다른 팀으로 옮길 수 있는 자유 계약 선수 또는 그러한 제도를 말해요.

▲국제 경기가 열릴 때만 모이는 국가대표 축구팀처럼 미래 직업인은 필요할 때만 모여 일한다.

인재관리자는 수천 명의 개인 자료를 가지고 필요한 프로젝트에 인원을 공급해요. 대상자의 업무 수행 능력과 인성, 주변 평가를 고려해 프로젝트에 적합한 팀을 구성하지요. (45~46쪽)

날씨조절관리자는 기후 변화로 인한 피해 줄여

▲인공 강우는 구름에 미세한 얼음 입자들을 살포해 인공적으로 비가 내리게 하는 것이다.

(마)중국은 2008년 베이징올림픽 당시 개막식과 폐막식 때 비가 내리지 않게 하기 위해 비구름에 인공 강우 성분을 살포해 다른 지역에 비가 내리도록 했대요. 날씨조절관리자는 인공 강우 기술을 실용화하고, 환경 문제의 부작용을 줄이는 방안을 연구해 급격한 기후 변화로 인한 피해를 줄이는 역할을 해요. 날씨조절관리자가 되기 위해서는 기상학, 대기과학 등을 공부하는 게 좋아요. 호기심과 창의력을 가진 친구들에게는 아주 그만이겠지요. 하지만 실험실에서 오랫동안 실험하고 연구하는 일이 많기 때문에 관찰력과 끈기도 있어야겠지요. (92~93쪽)

세계윤리관리자는 지구촌 분쟁 해결 위해 노력

▲세계윤리관리자는 지구촌 분쟁을 해결하기 위해 노력한다.

(바)미래 직업 박람회를 통해 어른이 될 때쯤 미래의 모습을 그려 볼 수 있었어요. 그리고 좋아하는 것, 잘할 수 있는 것이 무엇인지 생각도 해 보았고요. 저는 세계윤리관리자라는 직업에 관심이 커요. 세계윤리관리자는 종교와 지역, 민족, 생활 방식을 넘어 인류가 함께 살아갈 수 있는 공통의 자연 윤리를 연구하고 변화하는 사회 환경에 맞춰 세계 윤리를 적절하게 수정하는 역할을 해요. 나라끼리 일어나는 문제를 해결하기 위해서는 지혜와 따뜻한 마음, 그리고 인력과 자본 등이 필요한데, 그런 일을 조율하고 돕는 일을 하고 싶어요. 미래 사회에 꼭 필요한 직업이 아닌가 싶어요. (146, 151쪽)

생각이 쑥쑥

1 (가)에서 꿈을 정할 때 미래의 유망 직업을 잘 알아야 하는 까닭은 무엇인가요?

▲미래 직업 박람회에 참석한 학생들.

2 (라)에서 미래 직장의 모습은 지금과 어떻게 다를지 말해 보세요.

	현재	미래
근무 장소	직장이 있는 건물로 출근한다.	
근무 기간	퇴직할 때까지 한 회사에서 근무한다.	
임금	한곳의 직장에만 근무하고, 그곳에서만 월급을 받는다. 근무 기간이 길수록 월급이 많다.	

머리에 쏘옥

미래의 직장 모습

미래의 직장은 정보통신 산업이 발달해 주로 원격 근무를 할 것입니다. 원격 근무는 인터넷 등 통신 기기를 활용해 회사와 떨어진 집이나 다른 장소에서 근무하는 방식이죠. 이 경우 회사는 직원들이 일할 건물을 확보하지 않아도 됩니다. 근로자들은 힘들게 출퇴근하지 않아도 되지요. 또한 기업에만 입사해 퇴사할 때까지 일하는 것이 아니라, 특정한 업무나 과제가 있을 때만 모여 일하는 자유 계약직 형태가 됩니다. 임금도 지금처럼 근무 기간에 따라 받는 것이 아니라, 능력과 성과에 따라 많이 또는 적게 받습니다. 하지만 미래의 직장 생활은 자유가 많아지는 만큼 직장의 안정성이 보장되지 않습니다.

따라서 근로자는 끊임없이 자기 능력을 우수하게 평가받도록 노력해야 합니다.

▲미래에는 소속된 팀의 성과에 따라 임금을 받는다.

생각이 쑤욱

3 초등학교에 증강 현실을 이용한 디지털 교과서를 도입한다면 어떻게 할지, 찬반 입장의 근거를 두 가지씩 추가해 보세요.

찬성	반대
컴퓨터 화면을 통해 지식을 입체적으로 공부할 수 있어 수업 성취도가 높아질 것이다.	독서량이 점점 주는데, 교과서마저 디지털화되면 독해력이 더 떨어질 것이다.

4 아래의 글을 참고해 자율주행차가 실용화될 경우 사라질 직업과 새로 생길 직업을 한 가지씩 대고, 그 이유도 말해 보세요.

국내의 한 자동차 업체에서 2030년이면 인공 지능이 알아서 움직이는 자율주행차가 실용화될 것이라고 발표했다. 이 자동차는 탑승자가 차에 탄 뒤 버튼을 누르고 목적지를 대면 알아서 이동한다. 카메라는 물론 각종 레이더와 센서가 신호등의 변화와 주변 차량의 움직임 등 다양한 도로 상황을 읽고 대응해 사람이 운전하는 것보다 안전할 것이라고 한다.

▲자율주행차

머리에 쏘옥

디지털 교과서 도입

증강 현실이 디지털 교과서에 도입되면 입체 학습이 가능해집니다. 행성을 배울 때 모니터에 행성을 띄울 수 있지요.

학생들의 컴퓨터 활용 능력과 교육의 정보화 수준이 높아져 미래 사회를 잘 대비할 수 있어서 좋은 면이 많습니다.

하지만 학교에서 오랫동안 컴퓨터를 쓰면 시력이 나빠지고, 게임 중독에 쉽게 빠질 수 있는 점은 좋지 않습니다. 또 학생마다 개인용 컴퓨터를 보급해야 하므로, 나라의 경비 부담이 커집니다.

▲지구 내부를 입체적으로 보여 주는 디지털 교과서.

자율주행차와 직업

자율주행차가 실용화되면 택시나 버스, 택배 기사 등과 주차 요원, 대리 기사 등 운송업 종사자들이 사라집니다. 운전 면허도 필요 없어 운전 면허 학원이 사라지고, 교통 경찰이나 교통 리포터도 한가해지겠네요. 자동차 보험료를 지불할 필요가 없어 보험 모집인 직업도 사라질 것입니다.

생각이 쑤욱

5 환경과 기술의 변화로 미래에는 다양한 직업이 생길 터인데, 관련 있는 것끼리 줄을 이으세요.

6 (마)의 밑줄 친 부분을 참고해, '문제 5'에 제시된 직업 가운데 하나를 정해 그 직업을 가지려면 어떤 능력이 필요하고, 그 까닭은 무엇인지 설명하세요.

▲미래에는 과학과 의학 기술의 발달로, 로봇과 의료 분야에서 많은 직업이 생긴다.

머리에 쏘옥

미래 직업

세계자원관리자 세계화 때문에 기업은 원자재와 정보, 인적 자원 등을 여러 나라에서 구하지요. 따라서 세계 시장을 무대로 자원과 인재 등의 수요와 공급을 예측하고 전략을 짜는 사람을 말합니다.

로봇기술자 가정마다 한 대 이상의 로봇을 보유하게 됩니다. 로봇 기술자는 산업, 의료, 해저 탐사 등 여러 분야에서 활용되는 로봇을 연구하고 개발하지요.

배양육전문가 배양육이란 실험실에서 키운 동물의 살코기를 말해요. 하나의 세포만으로도 엄청난 양의 고기를 생산할 수 있어 식량난 해소에 도움이 될 것으로 보고 있어요. 배양육전문가는 이를 연구하는 사람이죠.

환경병컨설턴트 공장 폐수나 자동차 배기가스 등은 여러 환경병을 일으키지요. 환경병컨설턴트는 환경병의 원인을 밝히고 이를 해결하기 위해 노력합니다.

생각이 쑥욱

7 (바)와 아래 제시된 글을 참고해 세계윤리관리자가 필요한 까닭을 말하고, 내가 세계윤리관리자라면 어떤 윤리 원칙을 만들지 1분 30초 동안 설명하세요.

> 미국과 유럽 곳곳에서 테러를 일삼으며 수많은 생명을 앗아간 극단주의 무장 단체인 '이슬람국가'(IS)가 "십자가를 파괴하라"며 테러를 계속 일으킬 것임을 밝혔다. 하지만 기독교 세계에서는 이슬람교에 대한 '용서'와 '화합'의 목소리가 높아지고 있다. 프란치스코 교황(재위 2013~)은 "이슬람과 폭력을 동일시하는 것은 잘못."이라며, 화해와 포용만이 세계 평화를 이룰 수 있다고 강조했다. 전문가들은 현재 이슬람 극단주의자로 활동하는 많은 젊은이들이 유럽에서 차별을 겪고 증오심을 키운 이민자라고 분석한다.

▲프란치스코 교황. 세계윤리관리자는 신학이나 윤리학 등을 공부한다.

머리에 쏘옥

'세계윤리선언문'

사회가 발전할수록 구성원들끼리 많은 갈등이 생기지요. 기술의 발달과 세계화는 종교와 인종, 부유한 나라와 가난한 나라의 갈등을 만들기도 합니다.

이를 제대로 해결하지 못하면 테러와 전쟁 등이 일어나 피해가 커지지요.

그래서 '세계 윤리'를 만들어 지키자는 목소리가 높아지고 있습니다.

독일의 신학자인 한스 큉(1928~)은 다음과 같이 '세계윤리선언문'을 만들었습니다.

"우리는 인류를 하나의 가족이라고 생각해야 한다. 자신만을 위해 살아서는 안 되며, 봉사하는 삶을 살아야 한다. 그리고 어린이, 노인, 가난한 사람, 장애인, 난민, 그리고 외로운 사람들을 결코 잊어서는 안 된다. 종교와 인종, 성별의 차이 때문에 차별이 있어서도 안 된다."

생각이 쑤욱

8 전문가들은 기술과 사회 발달 때문에 많은 직업이 사라지고, 새 직업도 많이 생긴다고 합니다. 아래 글을 참고해 미래 직업 세계에 변화를 줄 요인을 한 가지만 들고, 그 요인이 어떤 변화를 일으킬지 설명하세요. 그리고 자신의 진로에 맞는 능력을 어떻게 키울지 정리하세요(400~500자).

> 전문가들은 앞으로 20년 안에 현재의 직업 절반이 사라질 것으로 봤다. 따라서 기술 변화에 주목해야 한다고 말하는데, 특히 인공 지능 관련 기술을 미래 산업 혁명을 이끌 주요 신기술로 꼽았다. 또 자율주행차도 많은 직업 변화를 일으킬 것으로 전망했다. 무인 항공기인 드론과 로봇, 작은 장난감부터 빌딩까지 만들어 내는 3D프린터 등을 꼽기도 했다. 화석 연료의 고갈과 환경 오염이 심해지면서 이를 대체할 바이오 에너지(옥수수 등 생물체로 만드는 에너지) 산업에도 관심을 기울여야 한다고 밝혔다.
>
> <신문 기사 참조>

▲무인 항공기 드론.

05 경제

가격은 어떻게 결정될까

『수상한 돈돈농장과 삼겹살 가격의 비밀』
서해경 외 지음, 키큰도토리 펴냄, 144쪽

줄거리

오성시에서는 해마다 구제역과 조류인플루엔자가 돌아 돼지고기와 닭고기의 가격이 비싸진다. 신문사의 기자들은 오성시에만 구제역과 조류인플루엔자가 자주 발생하자 수상하게 여겨, 돼지고기 시장을 독점하고 있는 돈돈농장의 비밀을 캔다. 구제역으로 돼지고기의 공급이 줄면서 값이 오르는 사례를 들어 수요와 공급의 원리도 살폈다. 독점 기업의 부작용과 바른 소비자가 되는 방법도 설명했다.

본문 맛보기

전염병 때문에 닭과 돼지 농장이 울고 웃어

▲구제역이 생기면 전염을 막으려고 주변 돼지와 소를 모두 땅에 묻는다. 〈경북매일신문 제공〉

(가) "장사가 요즘처럼 잘되면 더 바랄 게 없어요. 닭이 부족해 못 팔 지경이라니까. 호호호."

요림닭 주인 아주머니가 손님에게 잔돈을 건네며 웃었다.

"길 건너 돼지고기 파는 가게들은 파리만 날리던데, 여기라도 장사가 잘된다니 저도 기분이 좋네요. 허허."

"그쪽 가게들이야 구제역 때문에 그렇지 뭐. 하지만 두 달 전에는 조류인플루엔자 때문에 우리 닭고기 가게들이 폭삭 망했잖아. 구제역이랑 조류인플루엔자가 번갈아 발생하니까 돼지고기를 파는 가게랑 닭고기 파는 가게가 웃었다 울었다 한다니까." (25쪽)

돈돈농장 구제역 생기면 돼지고기 공급 끊겨

▲규모가 큰 닭 농장은 기업처럼 공장식으로 운영된다.

(나) "오성시에 있는 돼지 농장들의 규모에 문제가 있었습니다. 마치 대기업 하나만 존재하는 것 같았어요. 제일 큰 돼지 농장은 돈돈농장이란 곳인데, 오성시에 공급되는 돼지고기의 90퍼센트가 돈돈농장에서 생산됩니다. 나머지 돼지 농장은 그에 비하면 구멍가게 수준이지요. 최근 몇 년 사이에 돈돈농장이 주변의 작은 돼지 농장들을 사들여 지금처럼 커졌다고 합니다. 닭 농장과 마찬가지로 꼬꼬농장이란 곳이 유달리 큰 농장을 가지고 있었어요."

"그럼 돈돈농장에 구제역이 발생하면 오성시에는 돼지고기 공급이 끊길 수밖에 없는 거로군."

"그렇죠. 나머지 농장들로는 수요를 감당할 수 없죠." (46쪽)

본문 맛보기

농장의 닭 가격 오르면 소비자 가격도 올라

(다) "돼지고기가 없어서 닭의 수요가 늘어나니까, 도매상인들은 웃돈을 얹어 주고서라도 닭을 많이 받으려고 하겠지. 오성시에서 꼬꼬 농장이 제일 크니, 어떻게든 이 사람에게 잘 보여야겠고."

"돈을 더 주고 닭을 공급 받았으니, 시장에서 파는 닭의 가격도 올리겠군요."

▲도매 시장은 규모가 크고 물건이 많기 때문에 동네 가게에 물건을 대준다.

"도매 시장의 닭 가격이 오르면, 동네 정육점에서 파는 닭 가격도 덩달아 오를 겁니다. 그렇다면…."

모두들 서로를 쳐다보았다. 불쑥 황송아지가 물었다.

"아빠, 그러면 '바삭바삭 치킨' 가격도 오르는 거예요?" (52쪽)

생산비 줄이려고 공장식으로 돼지 키워

(라) "풀밭에 돼지들을 풀어놓는다고 해 보게. 얼마나 넓은 땅이 있어야겠나. 그게 다 생산 비용이야. 돈이 든다는 거지. 또 돼지가 돌아다니면 살이 빠지잖아. 돼지가 살이 쪄야 농장이 돈을 벌지. 생산 비용은 줄이고 생산을 늘려야 돈을 벌 수 있잖아." 돈돈농장은 공장식 돼지 사육법을 선택했어. 그렇게 하면 인건비를 줄일 수 있고, 좁은 공간에서 많은 돼지를 키울 수

▲공장식 농장에서는 생산비를 줄이기 위해 비좁은 우리에 돼지를 가둬 키운다.

있으니까 말이야. 어떤 기업들은 생산 비용을 줄이기 위해 인건비가 싼 나라에 공장을 짓기도 한단다. (86쪽)

본문 맛보기

상품 독점 기업은 맘대로 가격 올릴 수 있어

▲상품을 독점하는 기업은 시장에서 경쟁자가 없기 때문에 값을 맘대로 올릴 수 있다.

(마)여러 회사가 있으면 서로 소비자의 선택을 받으려고 경쟁하게 돼. 소비자를 사로잡을 새로운 맛을 연구하게 되고, 함부로 가격을 올릴 수도 없는 거지. 소비자는 다양한 상품 중에 골라서 살 수도 있고 말이야. 하지만 한 기업이 시장을 독점하면 경쟁할 필요가 없어. 기업이 대충 상품을 만들어도, 가격을 마음대로 조정해도, 소비자들은 그 상품을 살 수밖에 없지. 선택할 다른 상품이 없으니까 말이야. 이럴 때 정부의 역할이 중요하단다. 정부는 독점을 막기 위한 법률을 만들고, 공정거래위원회를 둬서 늘 시장의 상품 가격을 살피지. (95~97쪽)

소비자 보호 운동은 소비자와 기업 모두에 도움

▲소비자를 보호하는 운동을 하는 단체는 불량 상품을 만들어 파는 기업의 상품 불매 운동도 벌인다.

(바)"신성한 먹거리로 장난치는 사람이 있다면, 돼지와 오성시민의 명예를 걸고 다 밝혀내겠다는 결의가 대단해요. 곧 행동으로도 옮길 겁니다."

불량 상품이나 안전에 문제가 있는 상품, 상품의 가치보다 터무니없이 비싼 상품 등을 구매한 소비자들을 보호하려는 노력을 소비자 보호 운동이라고 해. 이런 활동을 하는 단체는 잘못된 상품을 만든 기업에 찾아가 항의하거나, 그런 상품을 사지 말라고 불매 운동을 벌여. 소비자 보호 운동은 피해를 당한 소비자가 피해 보상을 받는 데도 도움이 되고, 다른 사람이 같은 피해를 당하지 않도록 도와주지. 그리고 기업에도 도움이 돼. 소비자가 잘못된 점을 찾아내면 기업은 문제를 고쳐 더 좋은 상품을 만들 수 있으니까. (110, 116쪽)

생각이 쑤욱

1 계절에 따라 값의 오르내림이 큰 계절 상품을 한 가지만 골라, 오르내림 폭이 큰 까닭을 수요와 공급의 원리에 맞춰 설명하세요.

2 구제역이 발생한 오성시의 돼지고기 값이 왜 크게 올랐을까요?

▲구제역이 생기면 돼지나 소의 이동이 금지되고, 구제역이 발생한 곳 가까이에서 기르는 돼지나 소는 죽임을 당한다.

머리에 쏙쏙

계절에 따라 값의 오르내림이 큰 상품

▲겨울에 딸기 값은 제철인 봄에 비해 두세 배쯤 비싸다.

에어컨과 물놀이 용품, 손난로와 장갑 등은 계절에 따라 값의 오르내림 폭이 큽니다. 이를 계절 상품이라고 하는데, 에어컨은 여름에 찾는 사람이 많고 공급은 정해져 있어 값이 오르지요. 겨울에는 찾는 사람이 적기 때문에 여름보다 값이 내려갑니다.

과일이나 채소는 겨울에 비싸집니다. 사려는 사람은 늘거나 줄지 않아도 공급량이 줄기 때문이죠.

가격이 결정되는 원리

파는 사람은 비싸게 받고 싶고, 사려는 사람은 싼값에 사고 싶지요. 하지만 가격은 어느 한쪽의 욕심만 충족시킬 수는 없고, 둘이 흥정해 서로 동의하는 선에서 결정됩니다.

이렇게 결정된 가격은 수요량과 공급량에 따라 끊임없이 변화합니다. 공급이 많거나 수요가 줄면 내리고, 공급이 줄거나 수요가 늘면 오르지요.

생각이 쑤욱

3 (다)의 밑줄 친 부분의 상황 뒤에 벌어질 일을 세 가지만 더 들어보세요.

▲돼지고기가 비싸면 닭고기나 쇠고기를 사 먹는다.

4 가격이 올라도 사려는 사람이 크게 변하지 않고 이어지는 물건을 세 가지만 들고, 그 까닭도 설명하세요.

▲쌀과 라면, 생수는 생활필수품에 속한다.

머리에 쏘옥

대체재 관계

'꿩 대신 닭'이란 우리 속담이 있습니다. 대체재는 어떤 물건이 지나치게 비싸거나 구하기 어려울 때 대신 사용할 수 있는 물건을 말하지요. 예를 들면 쇠고기와 돼지고기, 쌀과 빵, 버터와 마가린, 닭고기와 오리고기입니다. 대체재 관계에 있는 상품은 한쪽의 수요가 늘면 다른 한쪽의 수요는 줄기 때문에 경쟁재라고도 합니다.

상품의 가격 탄력성

쌀이나 휴지, 물 등 꼭 필요한 물건은 가격이 오르거나 내려도 사려는 사람의 수가 크게 변하지 않고 꾸준하게 이어집니다. 이러한 물건들은 가격 탄력성이 작다고 말합니다.

하지만 고가의 수입 차나 비싼 옷은 가격에 따라 사려는 사람의 수가 크게 변합니다. 이러한 경우 가격 탄력성이 크다고 말합니다.

▲고급 수입품이나 명품 가방은 사치품이라 가격 탄력성이 크다.

생각이 쑤욱

5 영화관에서 파는 팝콘이나 놀이공원 매점에서 파는 물건은 다른 곳과 비교하면 값도 비싸고, 메뉴가 적은 까닭을 (마)를 참고해 설명하세요.

▲놀이공원에 입장하면 집에 가기 전에는 밖으로 나가기 어렵다.

머리에 쏘옥

기업 간 경쟁의 필요성

　기업은 더 많은 제품을 만들어 팔기 위해 다른 기업과 경쟁합니다. 따라서 값싸고 질 좋은 물건을 만들고 더 친절한 서비스를 제공하려고 노력하지요. 이러한 노력 덕분에 소비자들은 질 좋은 물건을 더 싸게 살 수 있습니다. 기업의 경쟁은 이처럼 소비자들도 이롭게 하지요.

　기업들이 경쟁에서 이기려면 새로운 기술과 참신한 디자인 등을 개발해 좋은 제품을 시장에 내놓아야 합니다. 이러한 제품은 해외로도 팔려 나가 외화를 벌어들이므로 국가 경제에도 도움이 됩니다.

6 우리나라에서는 돼지고기를 싼값에 먹으려면 공장식 사육을 할 수밖에 없다고 주장하는 사람들이 있는데, 오성시에서 일어난 일을 근거로 들어 이 주장을 꺾으세요.

▲공장식 사육은 좁은 곳에서 되도록 많은 가축을 키우기 때문에 동물이 병에 걸리기 쉬워 항생제를 많이 쓴다.

생각이 쏘욱

7 (바)를 참고해 과거보다 최근 불매 운동이 효과를 보이는 이유를 말해 보세요.

▲인터넷에서는 서로 떨어져 있어도 쉽게 의견을 주고받을 수 있다.

갑질을 하거나 불량품을 판매한 기업들, 또는 크고 작은 사건·사고를 일으켜 사회적 논란을 빚은 기업들을 보면 피해를 받은 소비자가 아니라도 분노하게 마련이다. 이런 기업에게 소비자들이 할 수 있는 가장 손쉬운 대응 방법은 '불매 운동'이다. 그러나 그동안 우리나라에서는 불매 운동이 제대로 효과를 보지 못했다. 소비자들이 서로 떨어져 있어서 의견을 주고받거나 뜻을 합치기 어려웠기 때문이다. 그런데 최근 사회관계망서비스(SNS)와 인터넷의 발달로 소비자들의 불매 운동이 힘을 얻고 있다.

머리에 쏘옥

불매 운동

어떤 특정한 상품을 사지 않도록 행동하는 일을 말합니다. 그 상품을 만든 국가나 업체에게 저항하려고 하지요.

불매 운동은 주로 해당 업체가 올바르지 못한 행동을 했을 때, 소비자에게 큰 피해를 주는 물건을 만들었을 때, 가격을 지나치게 올렸을 때 등에 벌어집니다.

불매 운동이 시작되면 해당 업체에서 만든 물건을 사지 말자고 캠페인을 벌이거나 서명 운동을 합니다. 방송국이나 신문사에 문제가 된 회사의 광고를 싣지 말라고 항의하기도 하지요.

▲한 시민 단체가 불매 운동을 알리려고 기자 회견을 하는 모습.

8 아래 기사를 참고해 기업 윤리를 설명하고, 돈돈농장의 사장에게 기업 윤리를 지키는 일이 소비자와 사회, 기업에게 이익이 되는 까닭을 설명하세요(400~500자).

> 현대의 기업 윤리는 공정하게 경쟁을 해서 물건을 팔고, 소비자들에게 안전한 제품과 서비스를 제공하며, 환경에 해를 끼치지 않는 점을 중요하게 여긴다. 사회에서 벌어들인 돈으로 어려운 사람을 돕기도 하고, 미술관이나 도서관 같은 문화 시설을 짓기도 한다. 기업 윤리를 지키는 일은 장기적으로 기업에도 이익이 된다. 소비자 10명 가운데 7명은 "기업 윤리를 잘 지키는 기업의 물건은 조금 비싸도 살 의향이 있다."고 대답했다.
>
> <신문 기사 참조>

▲기업 윤리를 지키면 소비자들의 신뢰를 받아 매출도 늘어난다.

06 문화
신비하고 독특한 이슬람 문화

『이희수 교수님과 함께하는
어린이 이슬람 바로 알기』

이희수 지음, 청솔 펴냄, 192쪽

줄거리

　이슬람교가 널리 퍼진 까닭은 여러 사상과 문화를 받아들이고, 평화와 사랑을 강조했기 때문이다. 이슬람교를 믿지 않는 국가들은 이슬람의 전통 문화인 여성의 히잡 착용과 일부다처제를 비판한다. 그런 가운데도 이슬람 세계의 문화와 과학 기술은 세계 곳곳에 영향을 주었다. 이슬람은 중국의 제지 기술을 받아들여 그리스와 로마의 많은 고전을 아랍어로 번역해 기록했고, 훗날 이것을 유럽에 전파했다. 페르시아(아라비아) 상인들은 통일신라 때 여러 가지 진귀한 물건과 문화를 전해 주기도 했다.

 본문 맛보기

여성은 얼굴과 온몸을 가리는 히잡 둘러야

▲히잡을 두른 이슬람 여성.

(가)히잡의 모양은 얼굴과 가슴까지 가리는 것과 얼굴을 드러내는 두건 형태가 있습니다. 히잡의 모양과 색깔은 지역이나 나이에 따라 다릅니다. 예를 들어, 사우디아라비아를 중심으로 한 여성들은 검은색 히잡을 쓰고 얼굴과 온몸을 가리지만, 북아프리카의 여성들은 흰색이나 푸른색 히잡을 좋아합니다. 또 터키나 레바논, 튀니지처럼 개방된 이슬람 국가의 대도시에서는 히잡을 쓴 여자들을 찾아보기 어렵습니다. 한때는 여성의 해방을 부르짖으며 히잡 쓰는 것을 반대했으나 지금은 다시 히잡 쓰는 여성이 많아지고 있답니다. (11~12쪽)

전쟁에서 남자 많이 죽어 부인 여러 명 둬

▲네 명의 아내를 둔 이슬람 남성.

(나)남자가 여러 명의 부인을 두는 이유는 이슬람 초기 전투에서 많은 남자들이 죽었기 때문입니다. 과부들과 고아들이 많이 생겼고 이들은 어려움을 겪었는데, 이들을 구제할 수 있는 유일한 방법은 한 남자가 여러 아내를 맞이하는 것이었습니다. 하지만 남편은 아내를 편애해서는 안 되고 공평하게 대해야 합니다. 이 공평성이 지켜지지 않으면 결혼했어도 합법적으로 이혼할 수 있는 조건이 됩니다. 또 함께 살아야 하고, 재산을 공평하게 분배해야 합니다. 아내를 많이 두더라도 모든 부인과 그 자식들은 사회에서 동등한 대우를 받습니다. (34~35쪽)

인사 나눌 때 서로 껴안고 양 볼에 입맞춰

(다) 인사할 때는 서로 껴안고 좌우로 양 볼을 맞대며 친근함을 나타냅니다. 그러고는 오랫동안 안부를 묻고 긴 인사를 나눕니다. 인사할 때 자신의 느낌을 나타내는 행동을 자주 하며, 목청을 돋우어 큰 소리로 말하거나 커다란 몸동작을 하지요. 또 아랍인들은 얘기를 나누며 상대방의 눈을 뚫어지도록 보거나 어깨를 두드리며 팔을 잡기도 하고 얼굴을 바싹 들이대기도 합니다. 특히 오랜만에 친구나 귀한 손님을 맞이할 때는 껴안고 양 볼에 입맞춤을 하기도 합니다. 남자나 여자끼리는 서로 껴안고 양 볼에 입맞춤하는 것이 허용되지만, 남녀 사이에는 절대로 몸을 접촉해서는 안 됩니다. (99쪽)

▲2019년 아랍에미리트 수도 아부다비에서 프란치스코(왼쪽) 교황이 이슬람의 예배 인도자와 이슬람식으로 코를 맞대며 인사하고 있다.

인사말 인샬라는 '신이 원하신다면'이라는 뜻

(라) 이슬람인들이 즐겨 사용하는 인사 중에 '인샬라'라는 표현이 있습니다. 이것은 '신이 원하신다면'이라는 뜻입니다. 또 미래의 일에 대해서도 '인샬라'를 자주 사용합니다. 예를 들면, '나는 내일 차를 사게 될 거야, 인샬라.' 이렇게요. 이것은 '차를 사고 만나는 일이 내일 이루어질 수도 있고 그렇지 않을 수도 있지만 하느님이 원한다면 이루어진다.'는 뜻을 가지고 있습니다. 이들은 오직 하느님만이 미래의 일을 알고 있다고 생각하기 때문이지요.

▲사우디아라비아의 성지 메카에 모여 기도하는 이슬람 신자들.

이슬람인은 약속 시간에 늦는 편인데, 이 표현의 특성을 이해하지 못하는 다른 나라 사람들은 나쁘게 생각하기 쉽습니다. (100쪽)

본문 맛보기

신부 후보가 신랑 후보 선택할 수 있어

(마)장성한 처녀와 총각을 둔 두 집안에서 결혼 이야기가 오가면 남자 쪽 어른들과 신랑 후보가 여자 쪽 집을 방문하는 것이 관례입니다. 이때 신부 후보는 정성껏 커피를 끓여 손님들을 접대해 자신의 음식 솜씨를 보여 주는 기회를 얻지요. 그러나 신랑 후보가 마음에 들지 않을 때는 커피를 이용해 자신의 뜻을 밝힐 수 있습니다. 즉 커피에 설탕 대신 소금을 타거나, 커피 가루 대신 후춧가루를 이용해 커피를 끓여 내면 남자쪽 식구들이 커피를 마신 후 신부의 뜻을 알게 되어 조용히 집을 나섭니다. 이것으로 결혼 이야기는 없었던 것이 됩니다. (141~142쪽)

▲이슬람 문화의 다양한 모습(위 사진 넉 장)과 전통 요리들(아래 사진 넉 장).

낙타 바비큐는 귀한 손님이 왔을 때도 대접

(바)축제 때는 보통 맛있는 빵과 요구르트는 물론, 양고기 진흙찜 요리, 우유와 말린 과일을 이용한 푸딩 종류를 만들어 먹습니다. 아주 특별한 경우에는 낙타 바비큐를 만들지요. 낙타 바비큐는 주로 귀한 손님이 왔을 때도 해 먹습니다. 갖은 양념과 향신료를 넣어 간을 맞춘 다음 긴 쇠막대에 걸어 거의 10시간 이상 서서히 돌리며 우리의 숯불과 비슷한 불에 익혀 바비큐를 만들지요. 불꽃이 없어 타지 않고, 서서히 익어 갖은 양념이 골고루 배고, 기름기는 아래로 떨어져 담백하고 맛있는 요리가 됩니다. (144쪽)

생각이 쑤욱

1. 이슬람에 관해 알았던 것, 책을 읽고 나서 새롭게 안 것, 더 알고 싶은 것은 무엇인가요?

책을 읽기 전에 알았던 것	책을 읽은 뒤 새로 안 것	책을 읽은 뒤 더 알고 싶은 것

머리에 쏘옥

이슬람 여성과 히잡

▲이슬람 여성은 외출할 때 항상 히잡을 써야 한다.

가정에 주로 머무는 여성들이 외출할 때는 꼭 히잡을 써야 합니다. 이것은 이슬람의 종교적 의무인데, 낯선 남자들과 만나는 것을 피하려는 뜻이 담겨 있습니다.

히잡은 이슬람의 가치를 중시하는 여성들이 자기네 종교를 확인하는 상징이기도 합니다.

2. 여성 해방을 부르짖으며 히잡 착용을 반대하는 사람들에게 히잡을 이슬람의 전통 문화로 인정해 달라고 설득하세요.

▲히잡을 쓴 채 사격 경기에 나선 이슬람 여성 선수.

생각이 쑤욱

3 이슬람 문화권에서는 한 남자가 여러 명의 아내를 둘 수 있는 일부다처제를 인정합니다. 일부다처제를 어떻게 생각하는지 1분 30초 동안 말해 보세요.

문화는 나라나 지역마다 다르므로 이슬람의 일부다처제도 인정해야 한다고 생각해.

문화는 시대에 따라 변하기 때문에 일부다처제는 현대에 맞지 않는다고 생각해.

내 생각은 이래요!

머리에 쏘옥

이슬람과 일부다처제

사우디아라비아는 일부다처제가 허용되는 나라입니다. 남성 1명이 아내를 4명까지 둘 수 있습니다. 이슬람의 율법에 있는 전통입니다.

무함마드(570~632)가 이슬람교를 처음 만들 때만 해도 아랍 지역은 숱한 전쟁과 굶주림 때문에 고통을 당했습니다.

이런 상황에서 가장이 죽으면 나머지 가족은 당장 굶주림에 시달리지요. 이때 혼자 남은 아내가 다른 남자와 결혼해서라도 가족의 생계를 유지할 수 있도록 하자는 뜻에서 일부다처제가 뿌리를 내린 것입니다. 사막과 같은 척박한 곳에서 살아남고, 부족을 지키기 위한 방법이 수 세기에 걸쳐 전통으로 자리를 잡은 것이죠.

▲이슬람 초기 전사한 남자가 많아 과부가 늘어나자 이들을 구제하기 위해 나온 방법이 일부다처제였다.

4 이슬람을 믿는 사람들은 '인샬라'라는 말을 즐겨 사용한다고 해요. 인샬라의 뜻과 그들이 이 말을 즐겨 사용하는 이유를 본문에서 찾아 정리하세요.

▲인샬라는 '신이 원하신다면'이라는 뜻이다.

| 생각이 쏘옥 |

5 이슬람 지역은 축제나 귀한 손님을 초대했을 때 낙타 바비큐를 내놓는다고 해요. 이슬람 친구에게 우리나라의 전통 음식을 한 가지만 자랑해요.

☞ 음식의 유래와 요리법도 소개하세요.

▲우리나라의 전통 음식인 전주비빔밥.

머리에 쏘옥

이슬람교에서 돼지고기를 금지하는 이유

이슬람교를 믿는 사람들은 돼지고기를 먹지 않습니다. 쿠란(이슬람교의 경전)에서 돼지고기를 금지했기 때문이지요.

그 까닭은 여러 가지가 있는데, 돼지고기 속에 든 해충들이 몸에 해로운 데다 돼지의 습성이 게으르고 더럽다는 생각 때문이랍니다. 돼지고기는 지방질과 병원균이 많아 아무리 좋은 환경에서도 마르지 않고 썩어 버립니다. 따라서 동물을 잡아 몇 달 동안 식량으로 사용해야 하는 사막 지역의 사람들에게 돼지고기는 쓸모가 없거나 위험하지요.

6 이슬람 지역으로 여행을 떠날 거예요. 본문을 참고해 이슬람 지역을 여행하면서 주의할 점을 세 가지만 들어요.

생각이 쑤욱

7 아라비안나이트는 이슬람을 대표하는 문학 작품입니다. 아라비안나이트가 어떤 책인지 친구들에게 알려 주세요.

신비와 모험이 가득한 아라비안나이트

신드바드의 모험
알리바바와 40명의 도적
알라딘과 요술 램프

머리에 쏘옥

아라비안나이트(천일야화)

옛날 페르시아(아라비아)의 왕 샤리아르는 아내의 배신 때문에 여자를 믿지 않게 되었습니다.

화가 난 왕은 아내를 죽인 뒤 여자를 증오합니다. 그리고 온 나라의 처녀를 신붓감으로 데려와 하룻밤을 보낸 뒤 죽이는 일을 반복합니다.

이때 재상의 딸인 셰에라자드는 왕의 분노를 풀어 주기 위해 아버지에게 자신을 신부로 보내 달라고 부탁합니다.

궁으로 들어간 셰에라자드는 밤을 보내면서 왕에게 신비한 이야기들을 들려주지요. 왕은 셰에라자드가 들려주는 신비로운 이야기를 듣기 위해 그를 살려 주고, 그렇게 1001일 밤을 보냅니다.

셰에라자드가 왕에게 들려준 이야기는 지금도 전해지는 '알리바바와 40명의 도적', '알라딘과 요술 램프', '신드바드의 모험' 등이었답니다.

▲셰에라자드는 왕에게 1001일 동안 신비로운 이야기를 들려준다.

8 행복이는 겨울방학에 이슬람 지역을 여행하려고 해요. 행복이와 함께 여행 계획표를 짜세요(400~500자).

여행 계획표	
여행하고 싶은 지역 (나라)	
기간	
준비물	
체험하고 싶은 것	1. 2.
만나고 싶은 사람	
주의할 점	1. 2. 3.

07 기타 | 동물에게도 행복할 권리가 있다

『닭답게 살 권리 소송 사건』
예영 지음, 뜨인돌어린이 펴냄, 152쪽

 줄거리

　동물이든 사람이든 가족과 떨어지면 모두 슬픔을 느끼고, 학대나 폭력을 당하면 고통을 느낀다. 인간과 의사 소통 수단이 달라 이런 슬픔이 직접 전달되지 않을 뿐이다. 인간의 이기심 때문에 권리를 잃은 채 불행하게 살아야 하는 동물의 입장을 간접적으로 체험하며, 그들의 권리를 지켜 줄 책임을 생각한다. 동물에게도 행복할 권리가 있다. 인간이 그러한 권리를 침해해 행복을 빼앗을 권리는 없다. 동물 복지는 함께 사는 세상을 위한 인간의 의무다.

본문 맛보기

유기견은 스스로 사는 법 몰라… 안락사 당하기도

▲버려진 개는 구조되어도 새 주인을 만나지 못하면 안락사를 당한다.

(가)사람과 함께 집에서 살다가 주인에게 버려진 개는 나이가 많든 적든 기저귀를 갓 뗀 아기와 다름 없답니다. 어디서 어떻게 먹을 것을 해결하고, 비바람과 추위를 피하며 병에 걸리지 않고 살아가는 방법에 대해 아무것도 모르니까요. 거기다 주인과의 행복했던 기억은 버려진 현실을 한층 더 비참하게 만들죠. 굶어 죽거나 차에 치여 죽은 동물들의 시체를 어렵지 않게 볼 수 있었습니다. 그렇지 않으면 굶주림과 병에 시달리거나 사고로 장애를 입어 고생하고 있지요. 아주 드물게 운이 좋아 인정 많은 사람에게 선택되는 친구들도 있었지만, 불행하게 개장수에게 붙들려 보신탕집으로 끌려가는 경우도 있습니다. (24쪽)

동물원 북극곰은 새끼를 낳지 못해

▲비좁은 공간에 갇혀 지내는 북극곰에게 사육장은 감옥이나 다름없다.

(나)"기적이는 하하동물원에 사는 북극곰 하양이가 낳은 새끼예요. 동물원에 사는 북극곰은 임신하기도 어렵고, 새끼를 낳기도 엄청 어려워요. 동물원에서 북극곰 새끼가 태어나는 일은 기적이라고 말할 정도거든요." 기적이는 엄마에게 다가갔다. 기적이가 아무리 불러도 들은 체 만 체, 같은 동작만 시계추처럼 반복할 뿐이었다. 통유리 너머에서 구경하던 관람객들도 엄마의 행동이 이상해 보이는지 킬킬대며 웃고 있다. 그런데도 엄마는 계속 왔다 갔다 똑같은 행동을 반복하고 있다. "엄마! 엄마는 왜 북극에서 계속 안 살고 동물원으로 왔어요?" "밀렵꾼에게 잡혀 북극에 더 이상 살 수가 없었어." (41, 44, 53쪽)

본문 맛보기

인간 위해 실험 동물이 되어 고통 받는 토끼

(다) "너희들은 그냥 동물이 아니라 실험 동물이야. 의약품이나 화장품의 효능을 검사하고 각종 질병을 연구하기 위해 태어난 동물이라고. 너희들은 화장품의 독성을 알아보는 실험에 이용되고 있어. 화장품 속에는 화학 성분이 들어가는데, 그걸 얼마만큼 넣으면 사람한테 안전한지를 확인해. 그래서 너희 토끼 눈에 넣고 측정하는 거지." 토끼들은 눈물을 거의 안 흘려서 눈 안에 이물질이 들어가도 씻어 내릴 수가 없다. 그러니 약의 반응을 확실히 볼 수가 있다. "눈이 먼 토끼들이 10%, 화상을 입은 토끼가 20%예요. 이제 얘들은 어떻게 하죠?" "전부 안락사시키고, 눈이 먼 토끼들은 안구를 적출해서 검사하도록!" (70~71, 80쪽)

▲인간을 위한 실험용으로 고정 틀에 갇힌 채 고통을 당하는 토끼의 모습.

화장품 동물 실험에 반대 목소리 커져

(라) 세계 곳곳에서 동물 실험에 대한 우려와 반대 의견의 목소리가 높아지고 있어요. 그 선두 주자가 유럽연합(EU)이에요. 2013년 3월부터 화장품의 동물 실험을 반대하는 법을 발표하고, 동물 실험을 한 화장품과 재료에 대한 수입과 판매까지 전면 금지시켰지요. 화장품 동물 실험을 가장 먼저 실시했던 미국 역시 '인도적인 화장품 법안'을 통해 동물 실험을 금지하려는 노력을 기울이고 있어요. 우리나라의 일부 화장품 업체에서는 대체시험법으로 만든 화장품을 판매하고 있고, 소비자들 역시 동물 실험을 하지 않는 착한 화장품을 구매하는 일이 늘어나고 있지요. (83쪽)

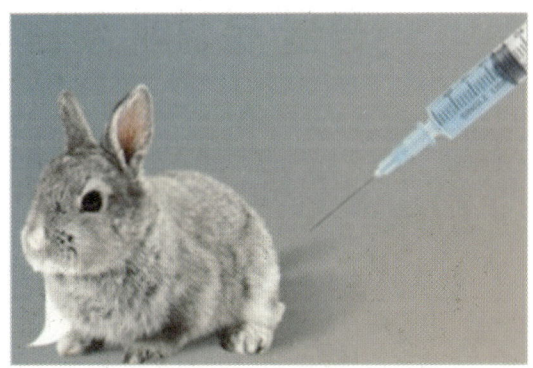
▲우리나라에서도 2017년부터 동물 실험을 한 화장품의 제조와 판매가 금지되었다.

본문 맛보기

산란계는 좁은 공간에 갇혀 알만 낳다가 죽어

▲공장식 축산 방식으로 좁은 공간에 갇혀 날개도 제대로 펴지 못하는 산란계.

(마)대한민국 법이 생긴 이래 처음으로 동물이 사람을 상대로 소송을 건 '닭답게 살 권리 청구 소송 사건'이 열리는 날입니다. 닭들이 농장주를 상대로 고소장을 법원에 접수했습니다. "원고는 도계장으로 끌려가 죽임을 당한 후 단돈 몇백 원에 햄이나 소시지 같은 가공 식품의 재료로 팔릴 예정이었습니다. 평생 땅 한 번 밟아 보지 못한 채 좁은 공간에 갇혀 알만 낳다가 도계장으로 끌려가는 것은 닭의 본성을 짓밟고 닭들이 닭답게 살 권리를 침해한 것입니다." "농장에서 키우는 닭들은 애초부터 알을 낳기 위해 키우며, 알을 낳는 기능이 떨어지면 도계장으로 보내져 사람들이 먹을 육가공품의 재료로 쓰이는 것이 당연합니다. 피고는 거의 모든 양계 농장에서 보편적으로 사용하는 사육 시설과 사육 방법을 사용했으므로 권리를 빼앗았다는 닭들의 주장을 받아들일 수 없습니다." (86~87, 90~91쪽)

동물 본성에 맞는 최소한의 환경 만들어 줘야

▲'동물복지축산농장'에서는 동물의 본성을 생각해 가축을 기른다.

(바)선진국에서는 20여 년 전부터 '동물 복지' 개념을 도입해 가축들이 타고난 본성에 맞게 살 수 있도록 최소한의 쾌적한 환경을 갖춰 주려고 노력하고 있어요. 영국에서는 이런 시설을 갖춘 농장에서 생산한 축산 제품에 인증을 해 주고, 유럽연합에서는 2012년에 암탉의 배터리 케이지 사육을 법적으로 금지했지요. 우리나라도 농림축산식품부에서 '동물복지축산농장' 인증 제도를 도입했어요. 하지만 아쉽게도 아직 많은 축산 농가들이 참여하지 못하고 있어요. 새로운 시설을 마련하려면 비용이 드는데, 그에 비해 당장 생산성이 떨어지기 때문이에요. 소비자들이 동물 복지 개선에 관해 꾸준히 관심을 기울이며 목소리를 높여야 한답니다. (109쪽)

생각이 쑤욱

1 (가)~(바)에 나오는 동물들은 왜 고통을 당하나요?

	고통을 당하는 까닭
유기견	
동물원 북극곰	
실험 동물 토끼	

2 우리나라는 2014년부터 개를 대상으로 '반려동물등록제'를 실시하고 있는데, 이 제도가 어떻게 동물 복지를 개선할 수 있을지 설명하세요.

머리에 쏘옥

반려동물등록제와 동물 복지

우리나라는 2014년부터 '반려동물등록제'를 시행하고 있는데, 개를 키우는 사람은 시·군·구청에 자신과 개에 관한 정보(이름, 성별, 품종 등)를 등록해야 합니다.

등록한 개는 사람의 주민등록 번호와 같은 고유 번호를 받아 그것을 목걸이에 새겨 개에게 걸어 주거나, 그 정보가 담긴 칩을 개의 몸 안에 넣어야 합니다. 이를 어기면 동물보호법에 따라 40만 원 이하의 돈을 물어야 합니다.

'반려동물등록제'는 개를 잃어버리거나 버리는 것을 예방해 반려견을 보호하기 위해 마련했습니다. 유기된 동물을 발견했을 때 동물 등록 정보를 통해 소유자를 쉽게 찾을 수 있답니다.

▲반려견의 몸에 들어 있는 마이크로칩을 리더기로 읽히면, 고유 번호를 확인할 수 있다.

생각이 쏘옥

3 인간은 유일하게 이성을 가진 존재이므로 인간을 위해 동물을 도구로 이용해도 된다고 말하는 사람이 있습니다. 이 주장을 반박하세요.

▲동물 보호 단체 회원이 동물 실험 반대 운동을 벌이고 있다.

4 우리나라는 '동물보호법'이 있는데도 고통을 받는 동물이 많습니다. 동물의 권리 보호를 강화하기 위해 동물보호법을 개정한다면 꼭 넣고 싶은 조항을 두 가지만 들어보세요.

▲우리나라는 동물보호법을 통해 동물의 권리를 보호하고 있다.

머리에 쏘옥

동물 실험

동물을 대상으로 한 실험은 교육이나 연구, 신약 개발 등 과학적 목적을 위해 이뤄지고 있어요.

우리나라에서 동물 실험에 이용되는 동물은 한 해 250만 마리에 이릅니다. 1시간에 286마리가 죽임을 당하는 것이죠.

동물 실험을 하는 이유는 안전성을 확인하고, 과학적 성과를 얻기 위해서입니다.

하지만 동물 실험과 인체의 일치율은 5~25%밖에 되지 않습니다. 동물 실험을 거쳐도 사람의 몸에 맞지 않을 확률이 높다는 것이지요.

동물 실험을 하지 않아도 대체 시험법을 통해 안전성을 검증할 수 있습니다. 살아 있는 생명체 대신 세포나 인공 피부 조직, 미생물, 계란, 식물 등을 이용해 실험하는 것입니다.

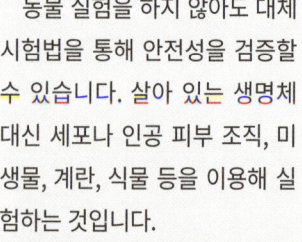

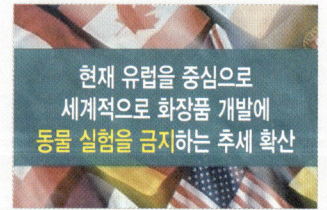

▲세계 곳곳에서 동물 실험에 반대하는 목소리가 높아지고 있다.

생각이 쑤욱

5 중국에는 모피 관련 동물보호법이 없기 때문에 외국의 많은 모피 공장들이 이곳으로 옮겨가고 있어요. 중국 정부에게 모피 공장에서 고통을 당하는 동물을 보호할 법을 만들어 달라고 설득하세요.

▲브라질의 한 패션 모델이 인조 모피를 입고 잡지 표지에 등장했다.

6 '본문 맛보기'의 '닭답게 살 권리 청구 소송 사건'에서, 사람을 변호하는 변호사 입장에서 변론하세요.

▲재판은 증거를 바탕으로 공정하게 이루어져야 한다.

머리에 쏘옥

모피 옷의 진실

모피 옷에 사용되는 건 동물의 털뿐이 아니라, 피부와 피부에 붙은 털 모두가 사용됩니다.

모피 옷을 만들려면 동물의 피부를 벗겨 내야 하는 것이죠.

털가죽을 벗기기 위해 동물의 입과 항문에 전기 충격을 가해 심장 마비를 일으키거나, 몽둥이로 때려 죽게 한답니다.

양계 농장의 닭과 동물의 권리

양계 농장의 대다수 닭들은 배터리 케이지에서 사육됩니다. 배터리 케이지는 40×20cm 크기의 닭장인데, 비좁은 공간에서 최대한 많은 닭을 키우기 위해 만들어졌습니다.

사료 낭비를 방지하기 위해 부리를 자르고, 산란율을 높이기 위해 오랫동안 굶기기도 합니다.

그런데 양계 농장의 주인들은 야생의 닭들처럼 본성을 유지할 수 있게 환경을 갖춰 달라는 요구는 무리라고 말합니다. 양계 농장의 닭은 이익을 얻기 위해 기르는 것이므로, 동물의 권리를 보장하기 위해 농장주가 손해를 볼 수는 없다는 것이지요.

생각이 쑤욱

7 동물 복지에 관심이 커지면서 동물원의 폐지를 놓고 찬반 논쟁이 뜨겁습니다. 두 가지 입장 가운데 하나를 정해 1분 30초 동안 상대편을 설득하세요.

▲동물원에 갇힌 동물들은 스트레스를 받아 의미 없는 행동을 반복하기도 한다.

머리에 쏘옥

동물원의 두 얼굴

동물원은 동물을 가두고 전시하거나 사육하는 곳입니다. 동물들은 자연에서 떨어져 대개 좁은 곳에 갇혀 지내지요.

동물마다 생활 특성이 있는데, 그 특성을 무시당하고 인간이 만들어 놓은 환경에서 사는 것입니다. 뻥 뚫린 공간에서 매일 사람들과 원치 않는 만남도 가져야 하지요.

이 때문에 스트레스가 심한 데다, 운동 부족으로 질병에 걸리기 쉽고, 번식하기도 어렵답니다. 어렵게 새끼를 낳더라도 어미가 새끼를 거부하는 일이 생기지요.

하지만 동물원은 멸종 위기의 야생 동물을 보호하는 역할도 합니다. 어린이들에게는 교육적인 효과를 줄 수도 있고, 동물과 교감하면서 정서적으로 안정감을 주는 휴식처 역할도 하지요.

▲동물원에서는 최근 동물들이 야생과 비슷한 생활을 할 수 있도록 환경을 갖춰 주고 있다.

생각이 쑥쑥

8 아래 기사를 참고해 동물의 권리를 보호하는 일이 중요한 까닭과 동물의 권리를 보호하기 위해 실천할 수 있는 일을 구체적인 사례를 들어 설명하세요(400~500자).

> 좁은 우리에 갇힌 여우들은 불어나다 못해 접힌 살 때문에 눈조차 제대로 뜨지 못했다. 모피의 생산량을 늘리기 위해 여우들에게 지방 함량이 높은 사료를 먹이며 몸집을 불렸기 때문이다. 여우들은 거대한 몸을 간신히 뉠 정도의 작은 우리에 갇혀서 맘껏 뛰어다닐 수도 없었다. 이곳에 갇힌 여우들의 몸무게는 19kg에 이른다. 보통 여우의 정상 체중은 3.5kg인데, 5배가 넘는 것이다. 본성대로 사냥하기 위해 뛰어다녀야 할 여우들에게 이곳은 감옥이었다.
>
> <신문 기사 참조>

▲모피 농장에서 사육되는 여우는 살을 찌우기 때문에 눈도 뜨기 어렵다.

75

08 국내 문학 — 힘을 합쳐 행동하지 않으면 바꾸지 못한다

『기호 3번 안석뽕』
진형민 지음, 창비 펴냄, 152쪽

 줄거리

60년 전통의 문덕 시장 앞에 대형 마트가 들어선다. 상인들은 장사가 안 될 게 뻔하다며 항의했지만, 법으로 막을 방법은 없다. 학교에서는 떡집 아들인 안석뽕(안석진)이 가난하고 공부도 못하는데, 얼떨결에 전교 회장 후보가 된다. 안석뽕은 자기 같은 애들을 대변해서 선거 운동을 한다. 슈퍼마켓 딸 백보리는 안석뽕을 데리고 바퀴벌레를 잡아 마트에 풀었다가 들켜서 함께 경찰서에 불려간다. 안석뽕은 결국 돈이 많고 공부를 잘하는 고경태에게 밀려 떨어지지만, 다시 희망을 가진다. 상인들도 안 될 걸 알지만 오늘도 기죽지 않고 대형 마트 앞으로 몰려가 시위를 한다.

본문 맛보기

공부도 못하는데 얼떨결에 회장 후보가 되어

▲회장 출마 후보자들이 유권자 학생들의 표를 얻기 위해 선거 운동을 하고 있다.

(가) 교실에서 노는데 반장 고경태 패거리가 우리에게 회장 선거를 준비해야 하니 나가 달란다. 무시를 당해 화가 난 조조가 우리도 선거 준비를 한다고 말해서 나는 순식간에 회장 후보가 됐다. 그런데 나는 공부도 못하고 특별한 것도 없다. 공약도 다른 아이들의 이야기를 듣고 겨우 적었다. "일등만 좋아하는 학교, 너나 가지삼. 일등부터 꼴등까지 다 좋아하는 학교, 우리가 만드셈!" 회장이 되면 학교 발전 기금도 내고 엄마도 자주 학교에 와야 한다는데, 우리 집은 돈도 없고, 엄마도 떡집을 하니 학교에 자주 올 수 없어 걱정이다. (8~11, 42쪽)

구청에서 전통 시장 앞에 대형 마트 허가해 줘

▲전통 시장 근처에 대형 마트가 들어서면 소비자들은 마트로 몰리게 된다.

(나) "아무리 그래도 그렇지, 낼모레면 금지법이 통과될지 모르는데, 그걸 냉큼 등록하게 됐단 말야?" "아니, 그게 무슨 소리래요? 시장 근처에는 큰 마트가 못 들어오게 하는 법이 생겼다면서요? 그래서 신고만 하면 피마트고 뭐고 다 문 닫아야 된다면서요?" "여태 무슨 소릴 들은 거야? 그 법이 통과되기 이틀 전에 점포 등록을 했대잖아. 그래서 자기들은 문제가 없다며 배짱을 부린대잖아." "그럼 이제 어떡한대요. 피마트가 코앞에 있는데 누가 이런 시장에 와서 그릇을 사겠냐구요." "없는 사람들 겨우 먹고 사는 시장 옆에까지 들어 와서는 저희들 뱃속만 채워도 되는 거냐고!" (73쪽)

대형 마트에 바퀴벌레 풀어 아수라장이 되다

(다)백보리의 기분이 이해가 갔다. 동네에서 가장 큰 슈퍼는 백보리네 것이었는데 갑자기 괴물 슈퍼가 나타나 예고도 없이 싸움을 걸어온 것 아닌가. 백보리를 따라 매장을 돌다가, 나는 이 괴물이 우리 시장 가게들 모두와 싸우고 있음을 알았다. 백보리는 영업을 방해하기 위해 봉투에서 바퀴벌레를 꺼내 풀었고 마트는 아수라장이 되었다. 태연히 피마트를 둘러보던 백보리는 화장실에 갔다가 시설이 너무 좋아서 슬프다며 눈물을 흘렸다. 피마트는 소독을 한다고 하루 동안 문을 닫았고, 나는 백보리가 괴물 슈퍼를 이긴 기분이 들었다. (76~103쪽)

▲대형 마트는 전통 시장보다 상품 종류가 많고 여러 가지 시설이 좋다.

바퀴벌레 푼 일 때문에 담임 선생님에게 혼나

(라)백보리와 나는 CCTV가 증거가 돼 경찰서에 잡혀갔다. 아버지는 피마트 점장에게 빌었지만 점장은 거만하게 굴었다. 백보리의 엄마는 사장에게 시장 앞에 마트를 세운 것에 항의했다. 시장 사람들은 백보리와 내가 한 일을 칭찬하며 어른들도 무언가 해야 할 때라고 수군거렸다. 그런데 학교에 가자 담임 선생님이 장난질로 학교 이름을 더럽혔다며 전교 회장 후보 자격이 없다고 말했다. 교감 선생님이 말려 주셔서 후보 박탈은 없었다. 교감 선생님은 회장이 돼도 발전 기금이나 엄마의 학교 봉사는 필요가 없다고 말씀하셨다. (108~128쪽)

▲학교의 임원이 되면 학부모도 학교에서 봉사를 하는 사례가 많다.

본문 맛보기

문제가 발생하면 원인을 따져서 고쳐야

▲문제가 일어나면 원인을 따져서 고쳐야 같은 일이 다시 일어나지 않는다.

(마)공부를 잘하는 고경태는 우리가 노력하면 지금보다 더 좋은 성적을 거둘 수 있다고 했고, 방민규는 나와 고경태가 경고를 받은 걸 물고 늘어졌다. 다음은 내 차례였다. "옛날에 개하고 사자가 살았어요. 사람들이 개하고 사자를 잡으려고 돌을 던졌더니 개는 화를 내면서 돌을 물어뜯었고, 사자는 돌을 던진 사람을 쫓아가 물더래요. 현명한 사자는 왜 그런 일이 일어났는지 생각하고, 뭘 물어뜯어야 같은 일이 안 일어날지 판단해서 행동해요. 쟤는 왜 저렇게 공부를 못하는지, 바퀴벌레 사건은 왜 일어났는지, 그 이유를 모르고선 절대로 문제를 해결할 수 없으니까요." (130~131쪽)

당장 이길 수 없더라도 저항하는 노력이 필요

▲대형 마트가 들어서는 것을 반대하는 전통 시장 상인들이 시위를 벌이고 있다.

(바)나는 회장 선거에서 떨어졌다. 억울했지만 아이들이 그 자리를 진심으로 원한 후보에게 표를 줬다고 생각하니 마음이 풀렸다. 2학기 때는 나보다 더 회장에 어울리는 조조가 후보로 나갈 것이다. 시장의 아줌마 아저씨들은 빨간 조끼를 단체로 맞춰 입고 피마트 앞으로 출근하기 시작했다. 시끄러운 게 싫다던 아빠도 갔다. 슈퍼 아줌마는 시끄럽게 하지 않으면 달라지지 않는다고 했는데, 그 말이 맞았다. 우리는 하늘로 발차기를 했다. 하늘은 꿈쩍도 안 했지만 신경 쓸 필요가 없다. 하늘을 찌르는 발차기는 앞으로도 계속될 테니까. (140~146쪽)

생각이 쑤욱

1 문덕 시장 앞에 피마트가 들어서서 일으킬 수 있는 문제점을 세 가지만 들어보세요.

▲대형 마트가 들어서면 동네 구멍가게들이 장사가 안 된다.

2 집안도 가난하고 성적도 형편없지만 회장 후보로 나서서 경쟁하는 안석뽕과 대형 마트에 맞서 싸우는 문덕 시장 상인들의 공통점은 무엇인가요?

▲대형 마트나 공부도 잘하고 부자인 어린이 회장 후보는 거인으로 비유할 수 있다.

머리에 쏘옥

대형 마트의 문제점

대형 마트 한 곳이 들어서면 근처의 여러 동네에 있는 문방구나 슈퍼마켓, 철물점을 포함한 수많은 구멍가게들이 손님을 빼앗겨 장사가 잘 되지 않습니다. 따라서 전통 시장 상인과 일부 지역 주민이 일자리를 잃게 됩니다.

대형 마트는 시설이 좋은 데다 묶음 판매를 하기 때문에 과소비를 일으키고, 충동 구매도 유도합니다. 그리고 주변 지역은 교통이 많이 막힙니다.

▲대형 마트는 시설이 좋고 물건도 다양하다.

생각이 쏘옥

3 (다)에서 백보리가 한 행위는 정당한지, 자신의 의견을 논리적으로 주장해 보세요.

머리에 쏘옥

백보리는 법적으로는 영업방해죄에 해당

▲대형 버스로 공장 앞을 막아 차나 사람이 오가지 못하게 하는 것도 영업방해죄에 해당한다.

다른 사람이 하는 일을 방해하면 영업방해죄를 짓게 됩니다.

남의 가게나 회사에서 고함을 지르며 위협하거나, 영업을 방해하려고 전기나 수도를 끊는 일, 사람들이 싫어하는 것을 풀어놓아 소동이 일어나게 하는 일도 영업을 방해한 행동이므로 죄가 됩니다. 다른 사람의 영업을 방해하면 1500만 원 이하의 벌금을 물거나 5년 이하의 징역을 받게 됩니다.

4 (라)에서 담임 선생님은 안석뽕에게 장난질로 학교 이름을 더럽혔다며 전교 회장 후보 자격이 없다고 말합니다. (마)에 나오는 개와 사자의 예를 들어 담임 선생님의 잘못을 지적해 보세요.

▲문제를 해결하려면 겉으로 드러난 현상보다는 원인을 찾아 해결해야 같은 문제가 되풀이되지 않는다.

생각이 쑤욱

5 (마)에서 내가 투표권이 있다면 방민규와 안석뿡 가운데 누구에게 투표를 할 것이며, 그 이유는 무엇입니까?

☞ 회장 선거 때 방민규는 안석뿡과 고경태가 경고를 받은 걸 물고 늘어졌고, 안석뿡은 자신이 공부를 못하는 이유와 바퀴벌레 사건이 일어난 원인을 살펴 달라며 유세를 했습니다.

▲전교 회장 선거에 후보로 나선 어린이가 연설하는 모습.

6 (바)의 밑줄 친 부분에서 대형 마트 앞에서 시위하는 방법 외에 법을 지키면서 대형 마트와 구청을 상대로 싸울 수 있는 아이디어를 상인들에게 알려 주세요.

☞ 청와대 국민청원 게시판에 전통 시장 상인이나 주민의 의견을 묻지 않고 비밀스럽게 영업 허가를 내 준 구청을 고발할 수 있습니다.

머리에 쏘옥

결과중심주의와 과정중심주의

결과를 중요하게 생각하는 입장에서는 어떤 행위나 사건을 평가할 때 결과를 가지고 판단합니다. 예를 들면 학교에서 보는 시험의 경우 최종 결과를 놓고 판단하지요. 따라서 선한 의도를 가진 행위가 나쁜 결과를 낳았을 경우 옳은 행위로 보지 않습니다. 결과 중심주의는 공동체에서 경쟁을 일으켜 빠른 시간에 발전을 이끌 수 있는 장점이 있습니다. 하지만 이러한 입장이 지나치면 목적이 수단을 정당화한다는 비판을 받을 수 있습니다.

이에 비해 과정을 중요하게 생각하는 입장에서는 어떤 행위나 사건을 평가할 때 방법과 과정을 중요하게 판단합니다. 의도가 선하면 결과가 좋지 않더라도 옳게 판단하는 것이죠. 행위의 결과에는 원인이 있기 때문에 방법과 과정을 따져 봐야 문제를 근본적으로 해결할 수 있다는 입장입니다. 과정 중심이어도 결과를 무시하는 것은 아닙니다.

생각이 쑤욱

7 이 책에서 구청은 주민 동의나 상인들과 협상 절차 없이 대형 마트를 허가해 주어 갈등의 원인을 만들었습니다. 공동체 사회에서 합리적인 의사 결정을 어떻게 해야 하는지 제시하고, 구청의 잘못을 비판하세요.

☞ 공동체 사회에서는 의사 결정을 할 때 구성원들의 이익을 최대한 보장하기 위해 협상을 통해 서로의 입장이 반영되도록 해야 합니다.

▲의사 결정을 하기 전에 사람들의 의견을 들을 기회를 마련해야 한다.

머리에 쏙옥

합리적인 의사 결정을 하려면 협상이 필요한 까닭

공동체에서 구성원들에게 영향을 주는 의사 결정을 하려면 먼저 문제가 무엇인지부터 확인해야 합니다. 다음으로 그 문제와 관련된 사람들을 모아 각자 원하는 바를 듣고 서로의 입장이 다르면 협상을 통해 조정해야 합니다.

협상 없이 한쪽의 말만 듣고 의사를 결정하면 손해만 보는 사람이 나올 수 있기 때문이지요.

따라서 협상할 때는 대화를 통해 서로 양보하고 타협하면서 공동의 이익을 찾아, 모두 승리자가 되어야 합니다.

▲협상 결과는 모두 승리자가 되어야 한다.

8 문덕 시장과 피마트는 모두 주민들의 생활에 필요한 시장입니다. 주민들의 이익을 해치지 않고 두 곳이 함께 살 수 있는 방법을 제시하세요(400~500자).

2017년에 문을 연 충남 당진의 상생스토어는 당진어시장과 한 대형 마트가 힘을 합쳐 국내 최초로 만든 상생형 복합 매장이다. 상생스토어가 있는 당진어시장은 당진에서 가장 큰 전통 시장이지만, 빈 가게가 많았다. 당진시는 전통 시장과 대형 마트가 함께하는 상생스토어를 만들기로 하고, 대형 마트와 당진어시장에게 협조를 요청했다. 대형 마트는 당진어시장 건물 2층에 매장을 만들고, 젊은층을 끌어들이려고 카페와 장난감도서관, 푸드코트를 함께 구성했다. 이렇게 해서 당진어시장은, 2층 대형 마트에서는 가공 식품과 공산품을 팔고, 1층에서는 신선 식품을 살 수 있는 쇼핑 공간으로 탈바꿈했다. 상생스토어가 문을 연 이후 당진어시장 방문 고객은 40% 이상 늘었고, 2층 대형 마트 방문 고객 가운데 25%가 1층 시장을 방문했다.

▲당진의 상생스토어는 전통 시장과 대형 마트가 함께 사는 모범을 보여 준다.

<신문 기사 참조>

09 국내 문학
더불어 사는 삶의 지혜를 발견하다

『이 박을 타거들랑 밥 한 통만 나오너라 흥부전』
신동흔 지음, 휴머니스트 펴냄, 168쪽

줄거리

흥부네 식구는 부모님이 돌아가시자 형 놀부에게 빈손으로 쫓겨난다. 흥부는 밤낮으로 일하지만 29명이나 되는 자식을 먹여 살리기 어렵다. 결국 놀부에게 곡식을 얻으러 갔다가 매만 맞고 쫓겨난다. 흥부는 구렁이의 공격을 받아 다리가 부러진 새끼 제비의 다리를 고쳐 주고 얻은 박씨를 심는다. 그리고 박에서 나온 재물로 부자가 된다. 샘이 난 놀부는 일부러 제비 다리를 부러뜨려 박씨를 얻는다. 하지만 박을 탈 때마다 재산을 잃고 목숨까지 잃을 위험에 빠진다. 흥부는 놀부를 구한 뒤 재산을 나눠 주고, 함께 의좋게 지낸다.

부모님 돌아가시자 재산 모두 빼앗기고 쫓겨나

▲부모님이 돌아가시자 흥부네 식구는 놀부에게 빈손으로 쫓겨났다.

(가)흥부와 놀부는 한집에 사는 형제이지만 성격은 정반대였다. 부모님이 돌아가시자 형 놀부는 재산을 모두 차지하고 흥부를 내쫓았다. 흥부네 식구는 빈손으로 쫓겨나 버려진 움막을 얻어 살았다. 흥부 부부는 품을 팔면서 밤낮으로 일했지만, 29명이나 되는 자식을 먹여 살리기 어려웠다. 관가에 가서 매품까지 팔려고 했으나 다른 사람이 먼저 맞는 바람에 실패했다. 결국 놀부에게 돈과 곡식을 얻으려 찾아갔다. 하지만 매만 맞고 쫓겨나 서럽게 울었다. 지나가던 스님이 흥부의 이야기를 듣고 집터를 다른 곳에 쓰라고 알려 주었다. (13~56쪽)

부러진 제비 다리 치료해 주자 박씨 선물

▲봄이 되자 흥부네 집에 제비가 찾아와 처마 밑에 집을 지었다.

(나)흥부는 살던 움막을 뜯어내고 스님이 알려 준 집터에 집을 지었다. 흥부는 이사한 뒤 동네 부자에게 소작도 얻어 사정이 조금 나아졌다. 집은 볼품없었지만, 흥부는 사는 형편이 나아졌다며 행복해 했다. 봄이 되자 흥부네 집에 제비 한 쌍이 처마 밑에 집을 지었다. 그런데 구렁이가 나타나 새끼 제비들을 잡아먹었다. 흥부가 구렁이를 쫓아낸 뒤 살펴보니 새끼 제비 한 마리가 다리가 부러진 채 평상에 떨어져 있었다. 흥부 부부는 제비 새끼를 정성껏 치료하고 돌봐 주었다. 제비가 떠났다가 봄에 다시 돌아와 흥부에게 박씨를 선물했다. (57~66쪽)

이런 뜻이에요

매품 예전에 관가에 가서 돈을 받고 죄인이 맞을 매를 대신 맞는 일.
소작 땅이 없는 농민이 일정한 대가를 치르고 다른 사람의 땅을 빌려 농사를 짓는 일.
평상 마당에 내놓고 앉거나 드러누워 쉴 수 있도록 나무로 만든 침상.

본문 맛보기

박을 타자 돈과 쌀이 쏟아지고 만병통치약 얻어

(다)흥부네 집 지붕에 박이 열렸다. 흥부 부부는 박을 타서 박속을 끓여 먹고 바가지는 팔기로 했다. 첫 번째 박을 타자 푸른 옷을 입은 동자가 나와 만병통치약을 전해 주고 사라졌다. 박에서는 두 개의 궤도 나왔는데, 줄지 않는 돈과 쌀이 가득 들어 있었다. 흥부는 쌀로 밥을 지어 먹으면서 푸념을 했다. "밥아, 너는 내 앞에는 오지도 않고 냄새도 못 맡게 하더니 부잣집만 찾아갔구나. 먹다 남으면 돼지와 개를 주고 거위, 두루미, 오리까지 먹이고도 남아서 쉰다 썩는다 야단하는구나." (70~93쪽)

▲배가 고픈 흥부네 가족이 박속은 끓여 먹고, 바가지는 팔기 위해 박을 타고 있다.

흥부 소식 듣고 제비 다리 일부러 부러뜨려

(라)흥부는 돈을 들고 춤을 췄다. "이놈의 돈아, 어디를 갔다가 이제 오느냐. 여보시오, 불쌍한 사람들, 나를 찾아오시오. 내가 오늘부터 가난 구제를 하려네." 흥부가 두 번째 박을 타자 온갖 비단이 나왔다. 마지막 세 번째 박에서는 집을 짓는 기술자들이 나와 흥부네 집을 새로 짓고 사라졌다. 새 집에는 귀한 물건이 가득했다. 흥부는 누구도 부럽지 않은 부자가 되었다. 이 소식을 들은 놀부는 배가 아파 제비를 몰러 나섰는데, 마침내 놀부네 집에도 제비가 들어와 집을 지었다. 놀부는 제비 다리를 일부러 부러뜨린 뒤 고쳐 주었다. (98~114쪽)

▲놀부는 흥부가 부자가 되었다는 말에 일부러 제비 다리를 부러뜨린 뒤 고쳐 주었다.

이런 뜻이에요
궤 물건을 넣도록 나무로 네모나게 만든 그릇.
구제 어려움에 빠진 사람을 도와 줌.

본문 맛보기

놀부가 박을 타자 손해나는 일만 벌어져

▲놀부가 박을 타자 상여꾼 등이 나와서 돈을 가져가는 등 손해나는 일이 계속 터졌다.

(마)놀부네 지붕에도 박이 열렸다. 박이 익자 놀부는 보물이 나오기를 기대하며 박을 탔다. 첫 번째 박에서는 노인이 나왔다. 종놈이었던 놀부 할아버지의 예전 주인이었다. 노인은 속량해 준다며 놀부의 재산을 가져갔다. 두 번째 박에서는 상여꾼들이 나왔다. 첫 번째 박에서 나온 노인의 유언이라면서 돈을 요구했다. 놀부는 논밭을 팔아서 돈을 줬다. 놀부는 계속 재산을 잃기만 하자 화가 나고 창피했다. 화를 참지 못한 놀부가 세 번째 박을 던져 버리자 돈이 나왔다. 구경꾼들이 이 돈을 모두 갖고 뿔뿔이 도망쳐 버렸다. (115~133쪽)

박에서 나온 장비가 놀부 죽이려 하자 흥부가 말려

▲마지막 박을 타자 장비가 나와 놀부를 꾸짖고 죽이려 했다.

(바)네 번째 박에서는 거지 떼가 나와 돈을 달라고 했다. 놀부는 헐값에 논밭을 팔아서 돈을 줬다. 다섯 번째 박에서는 각종 놀이패가 나와 돈을 빼앗아 갔다. 놀부는 집까지 팔았다. 여섯 번째 박을 타려고 하자 놀부 부인이 울면서 말렸다. 놀부가 박을 버리려고 하자, 박이 저절로 갈라지더니 장비가 나왔다. 장비는 놀부가 했던 나쁜 일을 꾸짖으며, 놀부를 죽이려 했다. 이 소식을 들은 흥부가 달려와 놀부를 구했다. 놀부는 정신을 잃었다 깨어나서 크게 반성했다. 흥부는 재산의 절반을 놀부에게 나누어 주고 의좋게 살았다. (133~149쪽)

이런 뜻이에요
속량 조선 시대 노비에게 대가를 받고 그들의 신분을 풀어 주어 양인이 되게 하던 제도.
장비 중국의 삼국 시대 촉나라의 장군(?~221). 관우와 함께 유비를 섬겨 촉나라를 세웠다.

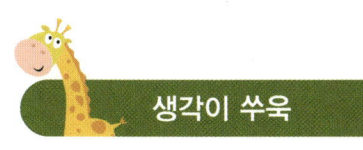

생각이 쑤욱

1 내가 흥부라면 스님이 잡아 준 집터로 이사를 할지, 그대로 머물지 결정하고 각각의 이유도 들어보세요.

☞ 흥부는 부자가 되는 운이 따로 있다고 생각해 스님이 가르쳐 준 대로 집을 옮겼고, 결국 부자가 되었습니다.

▲집을 새로 지으려면 땅을 사고 집을 짓는 데 들어가는 돈 때문에 빚을 져야 한다.

2 (가)에서 흥부가 아무리 노력해도 가난하게 살 수밖에 없는 까닭을 조선 시대의 상황과 연결을 지어 아는 대로 말해 보세요.

☞ 흥부는 놀부와 달리 부모의 상속 재산이 없었습니다.

머리에 쏘옥

흥부가 가난하게 살 수밖에 없는 이유

이 책에 나오는 흥부는 가난한 사람을, 놀부는 부자를 상징합니다. 흥부는 놀부와 달리 부모에게 물려받은 재산이 없고, 부양해야 할 식구는 많습니다.

조선 시대에는 일자리가 많은 것도 아니었습니다. 대다수 백성은 기껏해야 품을 팔거나 비싼 소작료를 내고 지주의 땅을 빌려 농사를 지어야 합니다. 과거에 합격하려면 몇 년을 공부해야 하는데, 당장 먹고 살 길이 막막한 가장이 그럴 수도 없습니다. 국가에서 가난한 사람을 돕는 복지 제도를 촘촘하게 갖춘 것도 아닙니다.

이렇게 앞뒤가 꽉 막힌 상황에서는 흥부처럼 가난한 사람에게는 신분을 상승시킬 수 있는 기회가 없습니다. 경제적으로 뒤쪽에서 출발하기 때문에 앞서서 출발하는 사람을 아무리 노력해도 따라잡을 수 없는 것이죠.

집안 형편이나 남녀 성별, 나이, 태어난 나라(또는 지역) 등은 스스로 선택한 것이 아니고 노력을 통해 극복할 수 있는 조건도 아닙니다.

따라서 기회를 균등하게 보장하려면 국가는 이러한 요인 때문에 차별을 받지 않도록 법과 제도를 만들어야 합니다.

생각이 쏘옥

3 아래 제시문에서 우리나라보다 국민 소득이 적은 국가의 행복지수가 높은 까닭을 (나)의 흥부의 태도에서 찾아 설명하세요.

> 유엔이 발표한 '2019년 세계행복보고서'에 따르면, 우리나라의 행복지수는 조사 대상 156개국 가운데 54위다. 국민소득(2018년 기준 세계 29위)에 비하면 낮은 수준이다. 특히 우리나라보다 소득이 적은 멕시코(23위)나 칠레(26위), 브라질(32위), 엘살바도르(35위) 등의 경우 오히려 우리나라보다 행복지수가 높았다.

머리에 쏘옥

감사할 줄 알아야 행복해진다.

흥부는 이사한 뒤 볼품없는 집이지만 자기 집도 생기고, 동네 부자에게 소작도 얻어서 과거보다 사는 형편이 나아졌다며 행복해 했습니다.

행복해지려면 이처럼 지금 나의 상황이나 감정에 충실해서 감사하는 생활을 실천해야 합니다. 자기보다 부자나 가난한 사람과 비교하는 순간 행복감이 떨어지고, 어느 순간 불행이 시작됩니다.

내가 과거보다 현재 얼마나 나아졌는지, 꿈꾸는 미래의 모습에 얼마나 가까워졌는지 생각하면 감사하는 마음이 샘솟는답니다. 서울대 행복연구센터에서 연구해 발표한 결과입니다.

4 (다)와 (라)의 박 속에서 나온 것들로 미루어 보아 당시 사람들이 어떤 삶을 원했는지 이야기해 보세요.

▲첫 번째 박에서 맨 먼저 나온 만병통치약으로 보아, 건강하게 오래 사는 것을 가장 큰 행복으로 여겼다.

생각이 쑤욱

5 (마)와 (바)에서 놀부가 박을 타는 일을 그쳤으면 손해를 줄이고 목숨까지 위협을 당하는 일은 발생하지 않았을 것입니다. 아래 제시문을 바탕으로 놀부의 태도를 비판하세요.

▲강원도 정선에 있는 강원랜드.

강원도 정선의 강원랜드는 우리나라 사람도 드나들 수 있는 카지노 도박장이다. 카지노에 출입하는 사람은 하루 평균 8000여 명이다. 1년 평균 매출은 1조 5000억 원이다. 이곳에서 돈을 잃고 자살하는 사람이 1년에 40여 명에 이른다. 재산을 모두 잃고 주변에서 노숙하면서 무료 급식소 신세를 지는 사람도 적지 않다. 이들은 어쩌다 돈이 생기면 대박의 꿈을 잊지 못하고 다시 카지노를 찾는다.

머리에 쏘옥

상속 재산이나 증여 재산에 세금을 많이 매기는 까닭

개인의 재산이 도덕적으로 인정을 받으려면 노동을 통해 벌어야 합니다. 예를 들어 주인이 없는 떡갈나무에서 떨어진 도토리는 공유 재산입니다. 그런데 누군가 도토리를 주웠다면 사유 재산이 됩니다. 줍는 행위 즉, 노동이 더해졌기 때문입니다.

이런 입장에서 누군가에게 증여를 받거나 부모님께 상속을 받은 재산은 어떤 노동도 하지 않고 얻었습니다. 따라서 노동을 통해 얻은 소득보다 무겁게 세금을 매겨야 합니다. 그래야 빈부 격차를 줄일 수 있고, 그 돈으로 국민의 복지를 위해 쓸 수 있습니다.

노동을 하지 않고 얻은 소득에 세금을 무겁게 부과하지 않으면 돈이 있는 집안은 대대로 그 부를 이어받아 부자로 살게 되고, 가난한 사람은 영원히 부자가 될 수 있는 기회가 사라집니다.

그리고 부지런히 일을 해서 돈을 버는 사람들의 근로 의욕을 떨어뜨려 경제 발전이 어렵게 됩니다.

6 놀부가 부모에게 받은 상속 재산과 흥부에게 받은 증여 재산 등 노동을 하지 않고 번 소득에는 노동을 통해 번 소득보다 높은 세금을 매겨야 하는 까닭을 말해 보세요.

☞상속 재산과 증여 재산, 그리고 부동산 투기로 번 돈에 높은 세금을 매기는 까닭은 빈부 격차를 줄이고, 그 돈을 가난한 사람의 복지에 써야 하기 때문입니다.

▲필요하지도 않은 집을 몇 채씩 샀다가 값이 오르면 집을 팔아서 번 돈에 세금을 무겁게 매기지 않으면, 근로자들이 일하고 싶은 마음을 잃게 만든다.

생각이 쑤욱

7 흥부는 29명의 자녀를 두었습니다. 아래 글을 읽고, 우리나라에서 흥부처럼 다자녀 갖기 운동이 필요한 까닭을 나라의 경제 발전과 연결지어 1분 30초 동안 말해 보세요.

▲우리나라의 합계출산율은 세계 최저 수준이며, 평균 수명은 최고 수준이다.

통계청이 발표한 '세계와 한국의 인구 현황과 전망'에 담긴 우리나라의 2015~2018년 합계출산율 평균은 1.11명이다. 조사 대상 201개국 가운데 꼴찌다. 201개국의 합계출산율 평균은 2.47명이다. 우리나라의 2018년 합계출산율이 0.98명인 점을 보면, 하락세가 지속되고 있다고 볼 수 있다. 이에 비해 우리나라의 2015~2018년 기대 수명은 82.5세였다. 유엔의 2015~2020년 추정 세계 평균 72.3세보다 10.2세 많다.

<신문 기사 참조>

합계출산율 한 여성이 가임 기간(15~49세)에 낳을 것으로 기대되는 평균 출생아 수.

머리에 쏘옥

젊은 인구가 경제력

우리나라는 세계 최고 수준으로 고령화 속도가 빨라지고 있습니다. 하지만 경제 활동을 할 수 있는 젊은 인력은 점점 더 부족해지고 있지요. 출산율이 계속 떨어지고 있기 때문입니다.

고령 인구는 증가하고 출산율이 낮아지면 경제 활동 인구가 줄어 나라 전체의 생산 능력이 떨어집니다. 그리고 인구가 감소해 내수 시장이 작아지는 바람에 국내 기업의 판매가 어렵게 됩니다. 시간이 지나면서 부모 세대를 부양할 인구도 줄어 세대 간 갈등도 생깁니다.

흥부는 가난한데도 자녀를 29명이나 두어 먹고 살기 어려웠습니다. 조선 시대에는 산업이 발달하지도 않았고 소비 활동이 거의 없어 마땅한 일자리가 부족했기 때문입니다. 하지만 지금은 적정한 인구가 뒷받침되어야 생산과 소비 활동이 활발하게 유지되고 경제가 발전할 수 있습니다.

▲출산율이 떨어지면 나라 경제 전체가 활력을 잃는다.

생각이 쑤욱

8 (라)의 밑줄 친 부분과 아래 제시문을 참고해, 오늘날 부자들의 사회적 책임(노블레스 오블리주)의 중요성을 주장해 보세요(400~500자).

☞오늘날 정부가 법이나 제도로 할 수 없는 국민 복지를 개인 또는 부자들의 기부나 시민단체의 힘을 빌려 보완하고 있습니다.

> 미국의 억만장자 빌 게이츠 마이크로소프트 창업자는 2019년 현재 재산이 1060억 달러(126조 원)로, 세계 2위의 부자다. 지금까지 그의 기부액은 350억 달러(41조 7000억 원)를 넘어섰다. 그런데 재산은 2019년에도 160억 달러(19조 원)나 늘어났다. 그는 세계 최대의 재단을 설립해 저개발국의 교육과 보건, 개발 사업에 지원하고 있다. 페이스북 최고 경영자인 마크 저커버그도 자신이 죽기 전에 페이스북 주식의 99%(약 50조 5000억 원)를 기부하겠다고 약속했다.
>
> <신문 기사 참조>

▲'기부왕' 빌 게이츠.

자기 성장에 필요한 관계 맺기 보여 줘

10 국내 문학

『일투성이 제아』

황선미 지음, 이마주 펴냄, 144쪽

줄거리

제아는 부모님이 맞벌이를 하시기 때문에 동생 셋을 돌보며 집안일까지 해야 한다. 그런데 지혜네 집에서 잠옷 파티가 열리는 날이었다. 아빠가 동생들을 돌보기로 한 약속을 어기는 바람에 제아는 파티에 참석하지 못했다. 제아는 그 일로 친하게 지내던 수연이와 멀어졌다. 수연이와 헤어지고 난 뒤에 보니 주변에 관심이 없었던 다른 친구들이 보인다. 제아는 이제 스스로 무엇을 하고 어떻게 해야 하는지 깨닫고, 엄마에게 자신의 뜻을 분명히 말씀드린다.

부모님 맞벌이 탓에 동생들 돌봐야

▲제아는 엄마를 대신해 쌍둥이 동생을 데리고 병원에 들렀다가 집으로 간다.

(가)나는 동생을 셋이나 둔 맏이다. 나는 큰딸이고, 누나고, 언니고, 절대로 어린애처럼 굴면 안 되는 애다. 가끔은 지혜나 수연이보다 내가 몇 살은 더 먹은 것처럼 느껴져 우울하다. 세상은 불공평하다. 어린애를 챙기는 건 엄마의 몫이지 열두 살짜리의 책임이 아니다. 쌍둥이를 챙겨야 하는 건 엄마와의 약속이 아니라 주어진 명령이다. 자꾸만 내가 가정부 같은 기분이 든다. 나는 디자이너가 되고 싶고, 옷 공방에 다니고 싶다. 하지만 동생들을 돌봐야 하기 때문에 집에서 멀면 안 된다고 엄마 마음대로 정하신 미술학원에 다닌다. (11~18쪽)

부모님은 나와 한 약속을 무시하기 일쑤

▲제아는 폐지 할머니의 손수레를 밀어 드리다 약속 시간에 늦을까 봐 후회한다.

(나)"밀어 드릴까요?" 폐지가 잔뜩 실린 손수레를 끄는 할머니를 보자 나도 모르게 말하고, 손수레를 밀면서 후회했다. 동생들을 챙겨야 무사히 지혜네 집에 갈 수 있을 텐데…. 힘들고 초조했다. 집안일을 하고, 제민이의 숙제 검사까지 다 끝냈다. "제아야, 미안. 고객한테 급한 연락이 와서. 친구들한테 좀 늦는다고 연락하면 어때?" 엄마 아빠는 나와 한 약속쯤은 아무렇게나 해도 되는 줄 아신다. 나와 친구들에 대해 뭘 아신다고 아빠는 저런 말씀을 하실까. 뒤늦게 가서 끼어들 만큼 내 성격이 좋다고 생각하나. 다 틀려 버렸다. (13~23쪽)

이런 뜻이에요
맏이 여러 형제자매 가운데 가장 먼저 태어난 자식.
옷 공방 옷을 만드는 곳.

본문 맛보기

파티에 못 가는 바람에 친구들과 사이 벌어져

(다)수연, 지혜, 니콜이 함께한 파티 사진을 보니 언짢았다. 수연이와 지혜랑 삼총사가 되고 싶었는데, 잠옷 파티에 못 가는 바람에 니콜에게 자리를 빼앗긴 것 같다. 학교에서 수연이는 그날 일을 떠들어 댔고, 나는 참을성 있게 들어 주고 맞장구도 쳐 주었다. 속없이 구는 수연이가 밉살스러웠지만 내색은 하지 못했다. 걔들이 한 덩어리고 나만 혼자라는 게 참기 어려웠다. 수연이랑 끝났다는 걸 뼈저리게 느꼈다. 시간이 멈춘 것 같았고 모든 게 끝난 기분이었다. 친구를 잃지 않으려고 최선을 다했는데, 가슴이 너무 아프고 억울하다. (31~49쪽)

▲교문 앞에서 수연이를 보았지만 사이가 틀어져 인사도 하지 않는다.

수연이와 헤어졌지만 다른 친구들이 자리 채워

(라)"나 이제 가야 돼. 엄마랑 싸우러." "엄마랑 싸워?" 연주가 웃으며 돌아섰다. 생각보다 흥미로운 애다. 엄마랑 싸우러 간다는 애가 기분이 좋아 보이는 건 뭘까. 청소년 수련관을 지나는데 대성이가 농담을 하며 알은체를 했다. 수연이랑 붙어 다닐 때는 주변에 신경도 쓰지 않았고 나와는 상관없는 애들이라고 여겼다. 나는 연주가 싫지도 않고 좋지도 않다. 나한테 웬 관심인지 궁금하기는 하다. 수연이와 갈라지고 쓸쓸하기는 해도 이제 괴롭지는 않다. 달라진 것이 있다면 다른 친구들이 생각났고, 특히 연주 생각을 많이 했다. (52~61쪽)

▲제아는 엄마에게 할 말을 하는 연주에게 흥미를 느낀다.

자기가 하고 싶은 일을 하는 연주에게 반해

▲연주가 엄마의 반대에도 댄스 오디션에 참가하고 있다.

(마)연주가 결석했다. 엄마랑 싸우겠다던 말이 생각나고, 나 때문인가 걱정이 됐다. 고민하다 문자를 보냈는데 답장이 없었다. 수업이 끝났을 때 연주의 문자가 왔다. 연주가 있다는 곳에 가니 댄스 오디션에 참가 중이었다. 연주의 실력이 뛰어난 건 아니었지만, 연주한테 반했다. 자기가 뭘 하고 싶은지 가장 확실하게 알고 엄마랑 싸우면서도 자기 뜻을 밀고 나가는 애다. 엄마가 성공하기 어렵다고 반대하는 걸 하느라 사촌 언니의 발레 연습실 청소를 해 주고 용돈을 벌며 자신의 꿈을 키워 나가는 연주가 부러웠다. (87~103쪽)

미술학원 그만두고 책방 도우미 하기로 결심

▲제아는 자신이 처음 선택한 책방 도우미 일이라서 책임을 지고 싶다.

(바)책방 주인인 폐지 할머니는 매주 수요일 책방에서 책을 읽어 줄 사람이 필요하다며 그 일을 나에게 떠맡겼다. 어이없고 싫기도 했지만 거절하지 못했다. '쌍둥이 돌보는 일이나 미술학원만 아니라면….' 마음이 설레고 갑자기 머릿속이 반짝했다. 책방 도우미 일을 하기로 결정하고, 내 선택에 책임을 지기 위해 미술학원을 그만뒀다. 책방 도우미를 하면서 여전히 쌍둥이 챙기는 일도 하고 집안일도 돕지만 기분은 달랐다. 내가 선택한 일이라 더 잘하고 싶었다. 이젠 내 마음을 감추거나 참지 않아도 될 것 같았다. (80, 120~121, 134쪽)

생각이 쑤욱

1 (가)~(라)에서 제아를 중심으로 나타난 관계를 크게 서너 가지로 정리하세요.

☞ 폐지를 모으는 할머니와의 관계 : 제아가 폐지를 모으는 할머니를 조건 없이 돕는 관계다.

2 (가)에서 제아가 왜 세상이 불공평하다고 생각했을지 한 문장으로 말해 보세요.

▲제아는 친구들과 달리 초등학생이지만 집안일을 거들고 동생까지 돌봐야 한다.

머리에 쏘옥

관계 넓히며 자기 발전시켜

▲자기 성장을 하려면 관계 맺기에 최선을 다해야 한다.

사람은 공동체 생활을 하기 때문에 태어나는 순간부터 관계를 맺기 시작합니다. 그리고 자라면서 관계의 폭이 넓어지지요. 처음엔 부모와 형제 등 가족 관계를 맺습니다. 학교 생활을 하면 친구들은 물론 선생님과 관계를 맺게 됩니다. 사회에 나가 직업을 가지면 그 직업과 관련된 사람들과 관계를 맺습니다.

관계를 맺으면 직접 또는 간접적으로 도움을 주고받습니다. 부모와 자식은 직접 도움을 주고받는 사이지요. 농부와 나는 먹을거리를 두고 간접적으로 도움을 주고받는 사이입니다.

그런데 관계를 맺으면서 도움만 주고받는 게 아니라, 그만큼 자기 성장을 할 수 있습니다. 따라서 공동체 생활을 하면서 다른 사람과 관계를 맺을 때는 최선을 다해야 합니다.

생각이 쑤욱

3 (나)에서 제아는 마음이 바쁜데도 자기와 아무런 관계가 없는 할머니를 돕습니다. 그런데 제아와 달리 어려움에 빠진 이웃을 돕지 않는 사람이 많다면 공동체에 어떤 영향을 줄지 예를 들어 설명하세요.

▲어려움에 빠진 사람을 돕지 않으면 언젠가 자신도 같은 일을 당한다.

머리에 쏘옥

친구 관계를 넓힐 때 참고할 점

사람은 대개 자기와 비슷한 사람들끼리 모여 있으면 마음이 편해집니다. 하지만 자기와 관심사가 같거나 생각이 같은 친구들만 사귈 경우 생각의 폭과 시야가 좁아질 우려가 있어요. 그러니 취미가 다르거나 생각하는 방식이 다른 친구들과도 어울려야 합니다.

제아의 경우 수연이와 절교한 뒤 자신과 생각이 다른 연주를 보면서 새로운 출발을 하잖아요.

그리고 친구를 사귈 때는 상대의 장점이나 단점만 보지 말고 둘 다 볼 수 있어야 합니다. 진정한 친구라면 칭찬도 하고 충고도 할 수 있어야, 상대가 성장하는 데 도움을 줄 수 있답니다.

4 (라)에서 친구 관계를 넓힐 때 참고해야 할 교훈을 말해 보세요.

▲닮은꼴 친구만 사귀면 생각의 폭이 좁아질 수 있다.

생각이 쑤욱

5 (마)에서 제아는 연주를 역할 모델(닮고 싶은 사람)로 삼아 엄마가 하라는 대로만 했던 수동적인 자세를 벗어나 능동적으로 바뀌어 새로운 꿈을 꾸게 됩니다. 나는 누구를 역할 모델로 삼아 나를 어떻게 바꾸고 싶은지 말해 보세요.

▲ '피겨 여왕' 김연아(왼쪽) 선수의 역할 모델은 중국계 미국인 피겨 스케이팅 선수였던 미셸 콴(오른쪽)이다.

6 (바)의 밑줄 친 부분에서, 제아가 항상 불공평하게 생각하던 일이 갑자기 그렇지 않게 바뀐 까닭을 들고, 이와 비슷한 내 경험도 이야기해 보세요.

머리에 쏘옥

역할 모델의 중요성

역할 모델은 자기에게 본보기가 되거나 닮고 싶은 사람을 말합니다. 역할 모델을 정하면 그 인물의 태도나 가치관, 말투, 외모까지 닮으려고 노력합니다. 따라서 자신의 꿈을 이루는 데 도움이 됩니다.

역할 모델은 부모가 될 수도 있고, 유명 인사나 책에서 읽은 위인이 될 수도 있습니다. 역할 모델은 자기가 닮고 싶은 사람들 가운데 되도록 어려움을 스스로 이겨 내고 성공을 거둔 사람을 정하는 게 좋습니다.

문재인 대통령의 역할 모델은 조선 정조(재위 1776~1800) 때의 실학자 이덕무(1741~93)였습니다. 이덕무는 당시 푸대접을 받던 서얼(첩의 자식)출신인 데다 가난하기까지 했지만, 조선 최고의 문장가로 우뚝 섰습니다. 그는 또 세종대왕(재위 1418~50)만큼 독서광이기도 했습니다. 그의 글은 자기 주장 대신 일상을 소재로 삼는 게 특징이었습니다. 작은 것도 소중하게 여기는 따뜻한 마음을 가졌기 때문입니다.

▲이덕무

생각이 쑤욱

7 아래와 같은 연주와 제아의 결정에 대해 찬성 또는 반대 입장을 정한 뒤, 1분 30초 동안 그 까닭을 말해 보세요.

> 연주는 춤 실력이 뛰어나지 않다. 그래서 엄마가 성공하기 어렵다고 반대하는데도, 꿋꿋하게 연예인의 꿈을 키워 나간다. 제아는 그런 연주가 부럽다. 그래서 엄마가 정해 주신 미술학원을 그만두고 폐지를 모으는 할머니가 운영하는 책방에서 꼬마 아이들에게 책을 읽어 주는 도우미 일을 맡는다.

▲연주는 엄마가 반대하는데도 연예인의 꿈을 키워 나간다.

머리에 쏘옥

부모님과의 진로 갈등을 해결하는 방법

우리나라의 직업은 2만 개가 넘습니다. 그런데 부모가 원하는 자녀의 직업은 20개 정도라고 해요.

공무원이나 교사, 의사 등인데, 대개 안정적이거나 인정을 받는 직업이지요.

하지만 요즘에는 가치가 다양해지고 정보 공유가 활발해져 새로운 직업이 끝없이 생기고 있습니다. 부모가 원하는 전통적인 유망 직업도 10년 뒤 어떻게 될지 모른다는 말이지요.

따라서 진로를 정할 때는 자녀의 미래를 제한하지 말고, 부모와 자녀가 서로 존중하는 자세가 필요합니다. 자녀 입장에서도 자신이 흥미가 있고 적성에 맞는 일인지부터 따져 봐야 합니다. 부모님이 생각하는 직업의 장래성과 가정 형편도 충분히 고려해야 합니다.

그런 뒤 부모와 자녀가 합의해 결정하는 것이 최선입니다.

▲자녀의 진로를 정할 때는 부모와 자녀가 대립할 게 아니라 합의를 통해 결정해야 한다.

생각이 쑤욱

8 이 책의 내용과 아래 제시한 글을 참고해, 누군가와 관계를 맺을 때 주체성이 필요한 까닭을 설명하세요(400~500자).

> 주체성이 없는 초등학생이 늘고 있다. 어떤 일을 할 때 자신이 직접 생각해서 움직이기보다는 누군가의 지시를 따르려는 수동적인 학생이 많아진 것이다. 이런 학생일수록 자신이 할 일을 스스로 결정하지 못한다. 그리고 일을 마칠 때마다 잘했는지, 이렇게 하는 게 맞는지 끊임없이 확인을 받고 싶어 한다. 이런 학생들은 대개 중학교에 진학한 뒤에도 무엇인가 스스로 계획하고 행동하는 일에 서툴러 성적 관리와 학교 생활에서 뒤지게 된다.
>
> <신문 기사 참조>

▲주체성이 없으면 성격이 소극적으로 바뀐다.

11 국내 문학
나라를 빼앗긴 사람들의 고통에 관한 이야기

『칠칠단의 비밀』
방정환 지음, 보물창고 펴냄, 152쪽

 **줄거리**

상호와 순자는 일제강점기에 납치되어 일본인 단장 부부 밑에서 곡마단 생활을 하며 산다. 단장 부부는 둘을 괴롭힌다. 그러던 어느 날 서울로 공연하러 왔다가 우연히 만난 외삼촌에게서 친남매이고 조선인이라는 말을 듣는다. 외삼촌은 어머니가 남매를 잃어버린 충격으로 죽고, 아버지마저 사라졌다는 사실도 알려 준다. 그 말을 들은 남매는 곡마단을 탈출하기로 결심한다. 하지만 단장 부인에게 들키는 바람에 상호만 도망치고 순자는 중국으로 끌려간다.

본문 맛보기

단장 마누라에게 들켜 상호 혼자만 탈출

(가) "나는 너희 외삼촌이다. 너희 어머니는 너희를 찾지 못하자 심화병이 나서 돌아가시고, 아버지는…." 말도 채 마치지 못했는데 그때 단장 내외가 말채찍을 들고 들어왔습니다. 단장은 소리를 지르면서 노인의 등을 밀어 천막 밖으로 내쫓았습니다. 깊은 밤, 도망을 하려고 뒷간 뒤에 숨어서 순자가 나오기를 기다리던 상호가 순자인 줄 알

▲상호가 담을 넘어 탈출한다.

고 달려들어 보니 큰일났습니다. 그는 순자가 아니라 단장의 마누라였습니다. 상호는 그네에서 건너뛰던 곡마단 솜씨로 번뜻 제비같이 날아서 후딱 뒷담을 넘었습니다. (12~26쪽)

순자에게 외삼촌 집 주소 적힌 쪽지 전달

(나) 외삼촌은 남매를 다시 한번 만나려고 구석에 숨어 기다리고 있다가 상호를 만났습니다. 한길 저쪽에서 지옥에 갔다 온 듯싶은 순자가 걸어오는 중이었습니다. 상호와 외삼촌은 몸이 달 듯하여 손에 땀을 흘리면서 안타까워하였습니

> 순자야, 오늘 저녁 안으로 어떻게든지 틈을 타서 중학동 354번지로 찾아오너라. 거기서 온종일 기다리마. 거기는 외삼촌이 계신 집이다.
>
> 상호

▲ 상호가 순자에게 쓴 쪽지.

다. 상호는 급히 수첩을 꺼내 종이 한 장을 떼어 연필로 무언지 급히 써서 꼭꼭 조그맣게 접더니, 외삼촌이 데리고 온 통역 학생 기호의 귀에 대고 소곤소곤하였습니다. 자전거에 부딪혀 쓰러졌다가 일어난 순자의 손에는 조그만 종이쪽지가 쥐여 있었습니다. (28~42쪽)

본문 맛보기

순자 찾으러 중국에 갔지만 곡마단 행방 몰라

(다) 어둡고 조그만 정거장에서 청년 두 사람이 남의 눈을 피해 기차에 슬쩍 올라탔습니다. 벌써 중국의 봉천에 온 지도 사흘째나 되었건만, 귀가 시끄러워 정신이 어리둥절할 지경이므로 마음대로 활동할 수가 없었습니다. '곡마단 일행이 이곳에 와 있지 않고 딴 데로 갔으면, 이 넓은 중국 땅에서 어디로 간 줄 알고 순자를 찾으러 간단 말인가….' (70~73쪽)

▲상호와 한기호는 순자를 찾으러 기차를 타고 중국으로 간다.

상호는 앞뒤 재지 않고 마굴로 들어가

(라) 상호와 기호가 여관 주인의 방에 절름발이 신사가 찾아온 것을 보았습니다. 절름발이는 캄캄한 골목을 몇 번인지 꺾어서 어느 창고같이 생긴 이층집 문 앞에 우뚝 섰습니다. 놈은 대문 손잡이 위를 손등으로 천천히 일곱 번을 두드렸습니다. 그러니까 문이 열리고 한 놈이 고개를 쑥 내밀었습니다. 그놈들은 단순한 곡마단 패가 아니었습니다. 무슨 무서운 비밀 계획이 있는 것이 분명하였습니다. 상호는 악한들이 들어갈 때마다 하는 짓을 보고 배운 암호만 믿고, 순자를 구해 낼 욕심에 전후 위험을 생각할 사이도 없이 뛰어갔습니다. 문지기 놈의 팔다리를 묶어서 기호에게 맡겨 두고, 상호는 대담하게 무섭고 캄캄한 마굴 안으로 들어갔습니다. 무슨 회의인지 30여 명 되는 사람들이 걸상에 걸터앉아 단장의 얼굴을 쳐다보고 있었습니다. (74~94쪽)

▲곡마단 단장은 창고같이 생긴 집의 대문 손잡이를 일곱 번 두드린다.

칠칠단은 아편 팔고 소녀 잡아다 파는 소굴

(마)곡마단은 겉 문패에 지나지 않았습니다. 아편을 가져다 넌지시 장사하고, 또 조선의 계집애를 꼬이거나 훔쳐서 팔아먹고…. 실상은 칠칠단의 비밀스러운 소굴이면서, 겉으로는 뭇 손님을 드나들게 하는 무서운 요릿집! 깊은 밤이지만 대낮같이 휘황한 전등 밑에 이 상 저 상에 앉아서 술과 요리를 먹고 앉아 있는 놈들도 어느 놈이 정말 손님인지, 어느 놈이 악한 패들인지

▲상호는 곡마단이 아편을 취급하는 조직인 '칠칠단'임을 확인한다.

몰라서 생각만 해도 몸이 떨리는 괴상한 요릿집이었습니다. (102~120쪽)

도움 청할 곳 찾다가 상호 아버지 만나

(바)기호는 중국 경찰서도 믿을 수 없으니, 조선 사람들의 모임이 있기만 하면 그곳에 찾아갈 수밖에 없다고 생각했습니다. '조선인 협회'라는 간판을 볼 때 기호의 눈에는 눈물이 핑 돌았습니다. 기호는 차근차근히 인사를 할 새도 없이 경성서 여기까지 온 이야기와 곡마단에서 자란 상호라는 소년과 순자라는 소녀가 지금 생명이 위험하다는 이야기를 했습니다. "오! 내 아들이오!

▲한기호가 도움을 청할 곳을 찾다가 발견한 '조선인 협회' 간판.

딸이오!" 상호와 순자의 아버지이신 '조선인 협회' 회장이 시키는 대로 칠칠단원을 중국 경찰 마차에 실어 보내고, 여관 주인도 잡아가게 하였습니다. (139~144쪽)

이런 뜻이에요
아편 마약의 한 종류. 덜 익은 양귀비 열매에 상처를 내 흘러나온 진을 굳혀 말린 고무 모양의 흑갈색 물질.

생각이 쑤욱

1 상호와 순자가 곡마단 생활을 하게 된 까닭은 무엇인가요?

▲곡마단의 공연 모습.

2 곡마단 단장처럼 어린이들을 납치해 학대하며 일을 시킬 경우 어린이들은 힘들어도 대항하지 못하고, 시키는 대로 할 수밖에 없습니다. 상호와 순자를 납치하고 학대한 단장 부부에게 어떤 벌을 내리면 좋을지 말해 보세요.

☞지금의 어린이 납치범 처벌 규정에 따르면, 어린이를 납치해 가족에게 돈을 요구하거나 어떤 이익을 취하려고 한 사람은 무기 징역 또는 10년 이상의 징역을 받습니다.

머리에 쏘옥

상호와 순자의 고통

상호와 순자는 인기가 좋아 가는 곳마다 수많은 사람들이 그들의 재주를 보려고 몰려들었어요.

하지만 둘은 매우 슬펐어요. 자기들의 고향이 어디인지, 부모님은 누구인지 알지 못했기 때문이죠.

게다가 곡마단 단장 부부는 둘 사이가 남매라는 사실조차 알려 주지 않은 채, 매일 피가 흐르도록 두들겨 패며 재주를 가르쳤고, 곡예를 해서 번 돈은 자기들이 다 가져갔어요.

▲상호와 순자는 단장 부부에게 수시로 학대를 당한다.

생각이 쑤욱

3 상호와 외삼촌이 대화를 나누고 있을 때, 곡마단 단장 부부가 들어와 소리를 지르며 외삼촌의 등을 떠밀어 천막 밖으로 내쫓은 까닭은 무엇인가요?

4 한기호는 상호와 가족이나 친구 사이도 아닌데, 중국까지 함께 가서 상호를 도왔어요. 이 책의 지은이는 그때 어린이들이 한기호에게 어떤 점을 배우길 바라서였으며, 한기호처럼 조건 없이 남을 도우면 나중에 어떤 점이 좋을지 말해 보세요.

어린이들이 배우길 바란 점	
나중에 좋은 점	

머리에 쏘옥

방정환의 작품 특징

방정환(1899~1931)은 동화에서 주어진 어떤 문제를 주인공 혼자서 이겨 내도록 하지 않습니다.

주인공 혼자서는 극복할 수 없는 상황을 주고, 누군가 옆에서 도와야 해결되는 모습을 보여 주지요.

이 책에서는 한기호가 주인공을 돕는 사람으로 나옵니다. 한기호는 상호의 가족도 아니고 친구도 아니지만, 상호 곁에서 순자를 구하는 일을 기꺼이 돕습니다.

방정환은 한기호의 행동을 통해 같은 우리 민족끼리 서로 사랑하고 협동하는 마음을 갖기를 바랐던 것입니다.

▲방정환

생각이 쑥쑥

5 (마)를 통해 알 수 있는 당시 우리나라 상황을 아는 대로 말해 보세요.

6 칠칠단은 겉으로는 곡마단인 것처럼 꾸미고, 몰래 아편 장사를 했습니다. 칠칠단이 몰래 마약인 아편을 사람들에게 팔면 안 되는 까닭을 설명하세요.

▲일제강점기에 일본이 우리나라에 심었던 양귀비.

머리에 쏙쏙

일제강점기 어린이 실종 문제

일제강점기 우리나라에서는 실종되는 어린이가 많았다고 해요. 일본인과 중국인들이 납치했기 때문이죠. 신고해도 일본인 경찰은 제대로 수사하지 않았다고 합니다.

그래서 납치된 어린이들은 노동을 착취 당하며 힘들게 살아야 했습니다.

일제강점기의 마약 시장

일제강점기에 일본은 아편을 만드는 생산 기지로 우리나라를 이용해 많은 돈을 벌었어요. 마약을 사용하면 중독되어 과대 망상이나 환각 증세 등 정신 이상이 일어나 정상적인 생활을 하지 못합니다. 나중에는 육체적·정신적으로 망가지지요.

겉으로는 마약 거래를 반대한다고 여러 국제 조약에도 가입했습니다.

하지만 일본은 중국에서 마약의 일종인 아편을 찾는 사람들이 크게 늘어나면서 돈을 쉽게 벌 수 있었습니다.

여기서 얻은 이익금은 일본의 군대 유지비와 정치 자금에 썼답니다.

생각이 쑥

7 아래 사진은 일제강점기에 강제 노역에 동원되어 일본의 한 탄광에 갇힌 채 석탄을 캐던 한국인 노동자들이 지하 갱도의 벽에 쓴 글씨입니다. 글씨의 내용을 참고해 일본의 잘못을 유엔(UN)에 고발해 보세요.

☞일제강점기에 상호네 가족은 헤어졌다 다시 만났지만, 그때 일본에 의해 납치되거나 강제 노역에 끌려가 가족과 헤어진 채 영영 돌아오지 못한 사람들도 있어요.

▲갱도의 벽에는 '어머니 보고 싶어', '배가 고파요', '고향에 가고 싶다' 등의 말이 쓰여 있다.

머리에 쏘옥

강제 노역에 끌려갔다가 돌아오지 못한 사람들

일제강점기에는 탄광에서 석탄을 캐거나 비행장과 댐 건설 등 강제 노역에 끌려간 사람들이 많아요.

이들 한국인은 일을 하면 돈도 주고 공부를 시켜 주겠다는 말만 믿고 따라갔다가 제대로 먹지도 못하고, 돈도 제대로 받지 못한 채 고된 노동에 시달려야 했어요.

다쳐서 일을 하지 못하면 밥을 주지 않아 굶어 죽은 사람도 많아요.

그렇게 죽은 한국인 희생자들은 죽어서도 고향에 돌아오지 못하고, 아직도 일본에 흩어져 묻혀 있답니다.

▲일본의 군함도. 강제로 끌려온 조선인들이 이 섬의 지하 갱도에 들어가 노예처럼 석탄을 캐야 했다.

생각이 쑤욱

8 일본은 일제강점기에 한국인 여성들을 강제로 끌어다 자기네 군대의 위안부로 삼았습니다. 하지만 일본 정부는 지금도 한국인 여성들을 강제로 끌어간 적이 없다고 주장합니다. 일본의 이러한 주장을 반박하고, 진정한 사죄와 배상을 촉구해 보세요(400~500자).

> 아베 신조 일본 총리는 도쿄 국회의사당에서 한 국회의원의 질문에 대해 "지금까지 발견한 자료 중에서 군대나 정부가 일본군 위안부를 강제로 연행했음을 보여주는 기록은 발견되지 않았다."고 밝혔다. 아베 총리는 2016년 이뤄진 한일 군위안부 합의에 대해서도 "일본 정부는 한일 간 청구권 문제가 1965년 한일협정을 통해 최종 해결되었다."는 입장을 취했다.
>
> <신문 기사 참조>

▲일본군 위안부 문제 해결을 촉구하기 위해 주한 일본대사관 앞에 세운 '평화의 소녀상'.

12 세계 문학 | 진정한 삶의 행복과 우정의 가치 그려

『샬롯의 거미줄』
엘윈 브룩스 화이트 지음, 시공주니어 펴냄, 264쪽

줄거리

　아기 돼지 윌버는 몸집이 작게 태어나 상품 가치가 없다는 이유만으로 농장 주인에게 죽임을 당할 위기에 놓인다. 그런데 그의 딸이 기르겠다고 나선 덕에 목숨을 건진 뒤, 헛간에 살면서 거미 샬롯과 친구가 된다. 그러던 여름 어느 날, 윌버는 늙은 양에게 겨울이면 베이컨이나 햄이 될 것이라는 말을 듣는다. 이때 샬롯이 나서서 윌버 구하기 작전을 편다. 거미줄에 윌버를 칭찬하는 단어들을 계속 새기는 일이었다. 윌버는 샬롯 등 친구들의 도움을 받아 유명해지고, 품평회에 나가서 특별상도 받는다. 윌버는 결국 사람들에게 특별한 돼지로 인정받아 죽음에 대한 걱정 없이 농장에서 행복하게 산다.

본문 맛보기

"작게 태어난 건 돼지 잘못이 아니잖아요"

▲펀은 죽임을 당할 위기에 놓였던 윌버를 구해서 키우기로 했다.

(가) "다른 것들보다 작기 때문에 죽인다는 거예요?"

"펀, 참는 법을 배워야겠구나."

애러블 씨는 부드럽게 딸을 타일렀다.

"참으라고요? 아빠, 작게 태어난 건 그 돼지 잘못이 아니잖아요."

펀은 눈물을 흘리며 있는 힘을 다해 아빠를 막았다. 애러블 씨는 화가 난 표정이 되었다가 다시 말했다.

"좋아. 돼지를 네가 키워 봐. 얼마나 귀찮은 일인지 알게 될 거다."

펀은 돼지를 차지하게 되어 정말 기뻤다.

"윌버라고 불러야지."

윌버는 농장의 헛간에 보금자리가 생겼지만, 아무도 친구가 되어 주지 않았다. 펀이 없으면 윌버는 무척 쓸쓸했다. (7~15, 22~25쪽)

의리 있는 거미 샬롯을 친구로 사귀어

▲윌버는 헛간에서 지내며 의리 있는 거미 샬롯과 친구가 되었다.

(나) 윌버는 친절하게 말을 걸어 주는 거미 샬롯을 만났다. 윌버는 샬롯이 벌레를 잡아먹는 모습을 끔찍하게 여겼다. '샬롯은 잔인하고 교활해 보여. 그건 정말 싫은데, 샬롯을 좋아할 수 있을까?'

샬롯은 자신이 베풀 수 있는 호의라며, 먹이를 먹기 전에 거미줄에 걸린 벌레들을 잠들게 했다. 윌버는 그 점이 마음에 들었다. 초여름의 어느 날, 암거위가 4주 동안 잘 돌본 결과 새끼 거위들이 태어나자, 샬롯은 이를 가장 먼저 축하했다. 윌버는 갈수록 샬롯이 좋아졌다. 윌버는 나날이 무럭무럭 자랐다. (51~70쪽)

윌버 살리려고 거미줄에 '대단한 돼지'라고 새겨

(다)윌버는 삶을 사랑했고, 자신이 세상의 일부임을 아주 즐거워했다. 이런 윌버에게 농장의 늙은 양은 사람들이 윌버를 살찌우는 이유가 있다고 말했다.

"나쁜 소식을 퍼뜨리고 싶지는 않지만, 겨울에 사람들은 널 훈제 베이컨과 햄으로 만들거야."

이때 샬롯은 윌버가 죽지 않도록 도와주겠다고 약속했다. 안개가 낀 날 아침 샬롯의 거미줄은 정말 아름다웠다. 거미줄을 장식한 수십 개의 조그만 물방울은 빛을 받아 반짝였다. 거미줄 한가운데에는 '대단한 돼지'라고 쓰여 있고, 윌버가 그 밑에 서 있었다. 농장 사람들은 기적이 일어났다고 생각했다.(69~74, 111~119쪽)

▲샬롯은 윌버를 살리려고 자신의 거미줄에 '대단한 돼지'라고 새겼다.

템플턴은 먹이 얻기 위해 윌버를 돕기로 결정

(라)샬롯은 헛간에 사는 동물들을 불러 회의를 했다.

"제가 거미줄에 쓴 칭찬의 말이 먹혀들었습니다. 농장 주인이 윌버가 특별한 돼지라고 생각하니, 윌버는 무사할 거라고 감히 말씀드립니다."

윌버를 위해 쓸 다른 글자가 필요하다는 이야기에, 쓰레기를 뒤지는 쥐 템플턴이 도우면 될 것이라는 의견이 나왔다. 하지만 템플턴은 자기와 상관없는 일이니 윌버를 죽게 내버려 두라고 말했다.

▲템플턴은 먹이를 얻기 위해 윌버를 돕기로 했다.

"아니, 틀림없이 상관있어. 넌 윌버의 음식을 먹잖아. 윌버가 죽으면 추운 겨울에 먹이를 찾기 어려워질 거야."

템플턴은 양의 이야기를 들은 뒤 쓰레기에서 글자를 찾아보겠다고 했다. (122~130쪽)

우정이 세상에서 가장 가치 있음을 깨달아

▲월버는 샬롯 등 친구들의 노력 덕분에 특별상을 받았다.

(마)템플턴이 찾아온 '근사해' 글자를 샬롯이 거미줄에 새길 때, 월버는 스스로 단어에 어울리려고 노력했다. 월버는 대체로 행복했고 자신감을 느꼈다. 월버만큼 진실한 친구들을 가진 돼지는 없었다. 월버는 우정이 세상에서 가장 가슴 뿌듯하다는 사실을 깨달았다. 월버는 품평회에서 상을 타면 농장 주인은 자신을 살려 둘 것이라고 확신했다. 품평회장에서 월버는 '고귀한 돼지, 진귀한 동물'로 소개되었다. 하지만 일등상은 몸집이 더 큰 돼지가 탔다. 월버는 다행스럽게도 마을을 유명하게 한 덕분에 특별상을 받았다. 농장 주인은 상을 타는 순간이 매우 감격스러웠다. (135~143, 212~222쪽)

월버는 행복 찾았지만 죽은 샬롯 잊지 못해

▲헛간으로 돌아온 월버는 샬롯의 딸들과 행복하게 살지만, 늘 샬롯을 잊지 못했다.

(바)"샬롯, 왜 나에게 잘해 주니? 난 너에게 해 준 게 없는데."

월버가 샬롯에게 물었다.

"넌 내 친구였어. 그것만으로도 굉장한 일이지. 너를 좋아해서 거미줄을 짠 거야. 산다는 건 뭘까? 난 널 돕는 데서 삶의 의미를 찾으려 했나 봐."

샬롯은 품평회장에서 알주머니를 완성한 뒤 기력이 쇠해 숨을 거두고 말았다. 월버는 샬롯의 알주머니를 헛간으로 가지고 돌아왔는데, 거기서 샬롯의 딸들이 태어났다. 월버는 농장 주인의 보살핌 아래 죽음의 공포에서 벗어나 샬롯의 딸들과 행복하게 살았다. 월버는 결코 샬롯을 잊지 못했다. 샬롯은 진정한 친구였다. (229~239, 255~256쪽)

생각이 쑤욱

1 (가)에서처럼 겉모습만 보고 사람의 가치를 판단할 때 생길 수 있는 문제점을 구체적인 사례를 들어 지적하세요.

☞ 아기 돼지 윌버는 몸집이 작아 상품 가치가 떨어진다는 이유만으로 농장 주인에게 죽임을 당할 위기에 놓입니다.

▲ '수영 황제'로 불리는 미국의 마이클 펠프스는 어릴 적부터 병약한 데다 주의력결핍과잉행동장애(ADHD) 진단까지 받았다.

머리에 쏘옥

외모지상주의 문제점

우리 사회에는 지금 외모가 결혼 등 사생활은 물론 취업과 승진 등 사회 생활에도 영향을 끼치고 있습니다.

아무리 좋은 학교를 나와도 외모가 뒷받침되지 않으면 결혼하기도 어렵고, 취업 면접에서 탈락하기 쉽지요.

그러다 보니 외모를 가꾸는 데 많은 돈과 시간을 들이고 있습니다. 성형 수술을 반복하고, 무리하게 살을 빼다가 병을 얻거나 죽음에 이르기도 하지요.

외모만으로 사람을 평가하면 능력이 있는 사람이 사회에 기여할 수 있는 기회가 사라집니다. 반대로 능력이 없는 사람이 높은 자리를 차지해 발전을 가로막기도 하지요.

2 (나)를 참고해서 친구를 사귀거나 이웃과 친해지려고 할 때 필요한 자세를 말해 보세요.

☞ 윌버는 샬롯이 벌레를 잡아먹는 모습을 끔찍하게 여겼습니다.

▲ 거미줄에 걸린 꿀벌을 잡아먹는 무당거미.

생각이 쑤욱

3 내가 가진 것을 모두 바쳐서라도 조건 없이 돕고 싶은 친구가 있나요? 그 친구의 어떤 점이 내 마음을 움직이게 하는지도 이야기해 보세요. 그런 친구가 없을 경우 그 이유를 대면 됩니다.

☞ (다)에서 샬롯은 죽을 위기에 빠진 윌버를 조건 없이 돕는 우정을 발휘합니다.

머리에 쏘옥

친구를 사귀려면 상대를 인정하고 존중해야

'3월은 어느 계절에 속하나요?'라는 문제에 우리나라 사람은 '봄'이라고 적어야 정답입니다.

하지만 남반구에서는 가을이고, 열대 지방에서는 답을 찾기 어렵습니다.

그런데도 사람들은 대개 하나의 기준을 가지고 옳고 그름을 판단하려고 듭니다.

윌버는 샬롯이 벌레를 잡아먹는 모습을 끔찍하게 여깁니다. 하지만 샬롯은 초식동물이 아니기 때문에 벌레를 먹지 않을 수 없습니다. 따라서 친구를 사귀려면 내 기준에서 판단하지 말고, 상대를 그대로 인정하고 존중해 주어야 한답니다. 외국 사람들을 사귈 때도 그 나라의 문화를 인정하고 존중해야지요.

4 (라)에서 템플턴은 윌버의 이용 가치(효용성) 때문에 할 수 없이 윌버의 친구가 되지요. 현실에서 이처럼 상대의 이용 가치 때문에 친구가 되었을 때의 장단점을 사례를 들어 설명하세요.

▲스마트폰 제조 업체와 부품 업체는 이용 가치 때문에 친구가 된다.

생각이 쑤욱

5 (마)에서 친구를 사귀거나 다른 사람과 관계를 맺을 때 칭찬이 중요한 까닭을, '칭찬은 고래도 춤추게 한다.'는 말을 넣어 이야기해 보세요.

☞ 윌버는 태어났을 때는 못난이였지만, 헛간 친구들의 '대단해', '근사해' 등 칭찬이 들어간 말을 자꾸 들으면서 결국 그렇게 자랍니다.

▲고래를 춤추게 하는 힘은 조련사의 칭찬과 긍정적으로 대하는 태도에서 나온다.

머리에 쏘옥

칭찬의 힘

누구나 의욕이 넘치게 살면서 다른 사람과 긍정적인 관계를 맺고 싶어 하지요.

전문가들은 이런 때 '고래 반응'을 배우라고 말합니다. 몸무게 3톤이 넘는 범고래가 많은 관중 앞에서 멋진 쇼를 펼칠 수 있는 까닭은, 조련사의 칭찬이 있었기 때문입니다.

칭찬은 상대에게 삶을 바라보는 자세를 긍정적으로 변화시켜 자존감과 자신감을 끌어올리지요. 그러면 친구 사이는 더욱 친해지고, 타인과의 관계도 긍정적으로 바뀐답니다.

6 (바)에서 샬롯은 자손을 낳아 퍼뜨리는 일과 참된 우정에 가치를 두고 살았습니다. 나는 어디에 가치를 두고 살겠으며, 그 까닭은 무엇인가요?

▲사람들은 대개 샬롯이 자손을 퍼뜨린 것처럼 결혼해서 가정을 이루고 아이를 낳는 1차 목표를 가지고 있다. 사진은 거미가 알에서 막 부화한 모습.

삶의 가치

사람은 살면서 저마다 가장 중요하게 생각하는 가치가 있습니다. 샬롯처럼 우정을 큰 가치로 여긴다면 그 우정을 지키기 위해 조건 없이 모든 것을 다 걸 수도 있지요.

어떤 가치든 공동체에 해를 끼치거나 법을 위반하는 일이 아니라면 존중을 받아야 마땅합니다.

생각이 쑤욱

7 윌버는 헛간 공동체에 속한 동물 친구들의 도움을 받아 죽을 위기에서 벗어납니다. 공동체 생활을 하면서 템플턴처럼 자기 욕심만 챙기면 안 되는 까닭을 말해 보세요.

▲쓰레기를 마구 버려서 쓰레기장이 되어 버린 해수욕장.

머리에 쏘옥

공동체에서는 자기 이익만 챙기면 발전 어려워

사람은 누구나 작게는 마을 공동체부터 크게는 국가 공동체를 이뤄서 살아갑니다.

공동체의 구성원들은 이익이나 손해를 공유할 수밖에 없지요. 따라서 서로 돕고 배려하는 정신이 있어야 공동체가 유지되고 발전할 수 있습니다. 이러한 정신을 공동체 정신이라고 합니다.

공동체 정신이 강할수록 같은 공동체의 구성원을 도우려 하고, 공동체에서 생긴 문제를 함께 해결하려고 노력합니다. 이렇게 되면 서로 믿고 돕는 분위기가 생기고, 여러 문제를 잘 해결할 수 있어 전체가 발전하게 됩니다.

하지만 공동체 정신이 약할수록 범죄가 늘고, 이웃끼리 조그만 갈등도 법으로 해결하려고 들어서 비용이 많이 발생합니다. 위급한 상황이나 범죄 현장을 봐도 그냥 지나치게 되지요.

> 생각이 쏘옥

8 이 책의 내용과 아래 글을 참고해서 참된 우정이란 무엇인지 서술하고, 삶에서 우정이 차지하는 가치를 말해 보세요(400~500자).

▲김정희가 1844년에 그린 '세한도'(수묵화, 23×69.2㎝).

    조선 시대 서화가 추사 김정희(1786~1856)가 1840년부터 9년간 제주도에서 혹독한 유배 생활을 할 때였다. 그 많던 친구는 모두 어디로 갔는지 보이지 않았다. 그런데 그의 제자 이상적(1804~65)이 유일하게 중국에서 귀중한 책들을 사서 보내 줬다. 추사에게는 큰 위로가 되었고, 그 책들이 바탕이 되어 커다란 문학적 업적을 남길 수 있었다. 추사는 이상적에게 '세한도'를 그려 선물했다. '날씨가 추워지고 난 뒤에야 소나무의 푸르름을 안다.'는 뜻이 담겼다. 어려움을 당했을 때 진정한 친구가 보인다는 말이다.

<신문 기사 참조>

초등학생 문해독서 고급 3호 답안과 풀이

01.『두 얼굴의 에너지, 원자력』

♣11쪽

1. 예시 답안

  폭발한 일본 후쿠시마원자력발전소 주변이 방사능에 심각하게 오염된 사실을 숨겨야 했기 때문이다. 오염 사실이 알려지면 외국인이 일본에 오지 않고, 국민도 불안해한다.

2. 예시 답안

  원자폭탄이 폭발하면 폭풍과 충격파, 고열, 방사선의 피해를 받아 사람이 죽거나 다치고, 콘크리트 건물은 물론 지하 시설도 파괴된다. 표준 원자폭탄(TNT 2만 톤의 위력)이 폭발할 경우 폭풍이 불어 폭발 중심에서 300m 안의 콘크리트 건물과 150~220m 안의 지하 시설, 1~5km 안의 목조 건물이 모두 파괴된다. 그리고 그 충격파로 사람도 죽거나 다친다. 고열 때문에 2.5km 안에 있는 사람은 화상으로 죽거나 다치고, 1km 안의 사람은 방사선에 쏘여 사망한다.

♣12쪽

3. 예시 답안

  원자로에 농축한 우라늄 덩어리가 든 핵 연료봉을 넣고 중성자를 쏘면 핵분열이 일어나면서 열이 발생해 뜨겁게 달궈진다. 이때 뜨거워진 원자로를 식히기 위해 냉각수를 붓는데, 냉각수를 붓자마자 펄펄 끓어 수증기로 바뀐다. 그리고 이 수증기는 관을 타고 터빈으로 전달되어 터빈을 회전시킨다. 터빈에는 발전기가 달려 있는데, 발전기에는 코일이 감긴 거대한 자석이 들어 있어 터빈이 돌 때 자석도 회전하면서 코일과 만나 전기가 만들어진다.

4. 예시 답안

  우리나라는 석탄 화력 발전 다음으로 원자력 발전을 많이 합니다. 원자력 발전을 하지 않으면 전기로 움직이는 시설의 3분의 1은 멈추지요. 그런데 원자력 발전에 사용된 사용후핵연료는 발전소에서 사용한 작업복과 장갑보다 방사능이 더 강하게 나오는 폐기물입니다. 우리나라는 1978년부터 원자력 발전소가 가동되어 사용후핵연료가 계속 나오고 있습니다. 하지만 이를 처리할 곳이 없어 각 발전소의 수조에 임시로 저장해 두고 있습니다. 문제는 더 이상 처리하기 어려운 포화 상태에 이르렀다고 합니다. 방사능 폐기물 처리장을 따로 지어야 하는데, 위험하다면서 어느 지역도 나서는 곳이 없습니다. 사용후핵연료 처리 문제가 풀리지 않으면 원자력 발전소를 더 이상 가동할 수 없습니다. 요즘엔 기술이 좋아 폐기물 처리장을 안전하게 지을 수 있고, 정부에서 직접 보상도 하며, 그 지역에 일자리도 생깁니다. 그러니 나쁜 면만 보지 마시고, 폐기물 처리장 건설에 앞장서 주십시오.

♣13쪽

5. 예시 답안

장점	단점
생태계를 파괴하지 않고 친환경적이다.	우라늄 슬러지가 환경을 오염시킨다.
발전 비용이 가장 싸다.	철거와 사고 피해 복구 비용, 보상금을 포함하면 발전 비용이 가장 비싸다.
사고 확률이 낮다.	대형 사고가 일어날 수 있다.

6. 예시 답안

  태양, 풍력, 조력 등을 들 수 있다. 태양광 발전은 태양전지를 이용해 햇빛을 직접 전기 에너지로 변환시키는 발전 방식이다. 태양열 발전은 태양열을 모으는 집열 장치를 이용해 열을 모은 뒤 물을 끓여 터빈을 돌려서 전기를 생산한다. 밤이나 흐린 날에는 발전하지 못한다. 풍력 발전은 바람의 힘으로 발전기의 날개를 회전시켜 전기를 만든다. 바람이 불지 않으면 발전이 안 된다. 조력 발전은 바다에 댐을 쌓아 만조 때는 물을 가두고, 간조 때는 물을 내보내 터빈을 돌려 전기를 생산한다. 밀물과 썰물의 수위 차가 커야 하며, 발전 설비 건설에 돈이 많이 든다.

♣14쪽

7. 예시 답안

  스웨덴의 발명가 알프레드 노벨(1833~96)은 처음에 평화를 기원하며 다이너마이트를 발명했지만, 나중에는 전쟁 무기로 사용되었다. 3D프린터의 경우 물건을 입체적으로 만들어 낼 수 있기 때문에 맞춤형 물건이나 의료 기기, 건축 등에 활용할 수 있다. 하지만 도면만 있으면 누구나 권총 등 위험한 물건을 만들 수 있다. 미국의 라이트 형제가 만든 비행기는 승객을 빠르게 실어 나르는 여객기로 이용되지만, 사람을 죽이거나 다치게 하는 폭격기로도 이용된다. 과학 기술은 이처럼 여러 분야에서 생활을 편리하게 하지만 부작용을 낳기도 한다. 그렇다고 과학자들이 부작용만 생각해 발명이나 개발을 하지 않았다면 인류는 지금도 원시 시대에 살 것이다. 문제는 과학자가 처음부터 윤리에 어긋나는 의도로 연구해서는 안 되고, 사용하는 사람도 악용하면 안 된다는 점이다. 그리고 이러한 일이 일어나지 않도록 법과 제도를 촘촘하게 만들어야 한다.

♣15쪽

8. 예시 답안

▶ 찬성 : 한국원자력학회가 최근 조사한 자료에 따르면 국민 10명 가운데 7명은 원자력 발전 비중을 현재대로 유지하거나 확대하길 바라는 것으로 나타났다. 앞으로 원자력 발전의 비중을 줄여야 한다는 응답자 가운데서도 나중에는 원전을 모두 없애야 한다고 동의한 비율은 6.7%에 불과했다. 따라서 원자력 발전을 줄이면 안 된다. 우리나라의 원자력 발전 비중은 26%로, 경제협력개발기구(OECD) 평균인 17.8%보다 다소 높기는 하다. 하지만 우리나라는 지금까지 대형 지진이 일어난 적도 없고, 기술력도 뛰어나다. 미리 닥치지 않은 위험을 앞세워 원자력 발전소를 줄이면 갑작스러운 전력 부족을 메울 길이 없다. 게다가 원자력 발전은 석탄 화력 발전처럼 오염 물질이나 미세 먼지를 배출하지 않아 생태계를 파괴하지 않고 이산화탄소 배출도 없어 친환경적이다. 그리고 다른 발전 비용보다 가장 값이 싸게 먹힌다. 사고 확률도 비행기 사고 확률인 8000분의 1보다 훨씬 적은 100만분의 1밖에 되지 않는다.

▶ 반대 : 한국원자력학회가 최근 조사한 자료에 따르면 국민 10명 가운데 7명은 원자력 발전 비중을 현재대로 유지하거나 확대하길 바라는 것으로 나타났다. 하지만 우리나라는 지진 안전 지대가 아니다. 더구나 원자력 발전에 필요한 우라늄을 뽑아낸 뒤 남는 슬러지는 아무 데나 버리는데, 방사성 물질이 나와 자연을 오염시킨다. 발전소 철거 비용과 사고 복구 비용, 보상금을 포함하면 발전 비용이 가장 비싸다. 사고 확률이 낮다고 하지만 세계적으로 지난 36년간 7기의 원자력 발전소와 1곳의 핵연료 공장에서 대형 사고가 나서 수많은 사람이 죽거나 다쳤다. 게다가 우리나라는 원자력 발전 비율이 경제협력개발기구(OECD) 평균보다 무척 높다. 전문가들은 국민 안전을 생각하면 원자력 발전을 줄이고 신재생 에너지와 천연 가스 사용을 늘려야 한다고 말한다. 장기적으로 에너지 선진국처럼 친환경 발전을 더 많이 하고, 기술 개발로 비용을 적게 만들어 대형 사고 위험이 큰 원자력 발전의 비중을 줄여야 한다.

02.『생명 윤리 논쟁』

♣21쪽

1. 예시 답안
- 동물을 복제하면 사람에게 필요한 동물을 얻을 수 있다.
- 사람 몸에 거부 반응을 일으키지 않는 동물을 만들면 그 동물의 장기를 사람에게 이식할 수 있다.
- 고기가 맛있는 소나 우유가 많이 나오는 소를 만들어 대량으로 복제하면 맛 좋은 고기와 우유를 더 값싸게 먹을 수 있다.
- 동물이나 사람의 질병을 연구하는 데도 도움이 된다.

2. 예시 답안
인간 복제가 허용되면 생명을 경시하는 풍조가 생길 수 있다. 인간을 복제할 수 있어서 생명을 가볍게 여기기 때문이다. 또 더 똑똑하고, 외모가 우월한 사람을 많이 복제해 일부 사람은 소외될 수 있고, 인간의 다양성이 사라질 수 있다. 복제 인간은 자신의 유전자가 사전에 결정된 탓에 어떤 사람인지 미리 알게 된다. 그래서 미래의 자기 모습을 떠올리며 정체성에 혼란을 느낄 수 있다. 복제 인간은 어떤 목적을 위한 수단이나 도구가 되기 때문에 인간의 존엄성을 해치는 문제도 있다.

♣22쪽

3. 예시 답안
생명공학자의 말에는 인간의 생명을 인위적으로 조작해 수단으로 이용하려는 문제점이 있다. 생명이 탄생하는 과정은 연속적이다. 인간이 아니었다가 어느 특정 순간부터 갑자기 인간이 되는 것이 아니라, 수정란이 배아를 거쳐 태아로 성장한다. 따라서 수정 이후 14일 이전까지의 배아도 조작이나 실험의 대상이 될 수 없는 존엄한 생명체로 보아야 한다. 이를 인위적으로 조작해 실험의 대상으로 삼는 행위는 인간의 존엄성을 해치는 일이다.

4. 예시 답안
스페인과 프랑스처럼 명백한 장기 기증 거부 의사가 없을 경우 기증 희망자로 간주하는 제도를 도입한다. 운전면허증, 주민등록증, 의료보험증 등을 발급할 때 장기 기증 신청 방법을 안내한다. 장기 기증 과정이 투명하게 이뤄질 수 있도록 제도를 만들고, 장기 기증 유족에 대한 보상 방법도 마련할 필요가 있다.

♣23쪽

5. 예시 답안
인공 장기를 개발해 사용할 때 불평등 문제가 생기지 않게 하려면 질병 치료 목적으로만 사용해야 한다. 사람의 능력과 신체 기능을 인위적으로 높인다면 돈이 많은 사람은 인공 근육으로 힘이 강해진 팔다리와 적외선이나 자외선도 감지할 수 있는 인공 눈을 가질 수 있다. 이렇게 되면 돈이 많은 사람은 손쉽게 남들보다 더 뛰어난 능력을 가질 수 있고, 가난한 사람은 주어진 것에 만족하며 살아야 하므로 불평등은 점점 더 심해질 것이다.

6. 예시 답안
안락사가 생명 경시 풍조를 부추긴다며 반대하는 사람들이 있다. 그러나 회복할 가망이 없는 위급한 상태에 빠져서 계속 고통을 겪으면서 생명을 연장하기보다는 스스로 죽음을 선택하는 것이 더 존엄한 죽음이다. 인간의 존엄성은 다른 동물과 달리 자신의 삶을 스스로 선택할 능력을 가진 것에 바탕을 둔다. 따라서 죽음을 선택할 권리는 자신에게 있고, 안락사를 선택할 권리 또한 환자 본인에게 있다. 요즘 기술과 장비 발달로 위급한 상황에서도 몇 달, 몇 년을 생존하기도 한다. 그렇다고 병이 치료되거나 상태가 나아지는 게 아니다. 생명만 유지되면서 고통의 시간만 늘릴 뿐이다. 그래서 의료비가 감당하기 어려울 만큼 늘어나기도 한다. 결국 의미 없이 살다가 죽는 것보다 스스로 선택하는 안락사가 존엄한 인간에게 더 어울린다고 생각한다.

♣24쪽

7. 예시 답안
어린이에게 안락사를 허용하면 어린이 환자들이 끝까지 살아야겠다는 삶의 희망을 쉽게 포기하는 문제가 생긴다. 죽음은 한 번 선택하면 되돌릴 수 없다. 그런데 어린이가 이런 죽음의 의미를 제대로 알고 안락사를 선택하는지 알 수 없다. 또 어린이는 스스로 안락사를 결정할 수 있는 판단력이 부족하기 때문에 잘못된 판단을 할 수도 있다.

♣25쪽

8. 예시 답안
생명과학 기술의 발전으로 불치병을 치료해 인간의 평균 수명을 늘릴 수 있게 되었다. 줄기세포 연구를 통해 불치병이나 장애를 없앨 수 있기 때문이다. 인공 장기 개발로 장기 이식을 기다리는 사람의 고통이 줄어들 수도 있다. 또 동물 복제를 통해 식량 문제를 해결하는 일도 가능하다. 따라서 생명과학 기술의 발전으로 인류는 더 건강하고 윤택한 삶을 살 수 있게 되었다. 하지만 생명과 관련된 기술을 연구할 때 생명 윤리에 어긋나지 않도록 조심해야 한다. 생명 윤리와 관련된 과학 기술은 인간의 몸과 건강, 생명과 직접 연결되어 있기 때문이다. 그리고 생명 윤리를 지키지 않으면 인간의 존엄성이 파괴되고, 자연과 생명의 가치가 무시될 수 있다. 사람들 사이의 불평등을 더욱 심각하게 만들 수도 있다. 과학 기술은 인류에게 풍요함과 편리함을 제공하지만, 잘못 사용하면 커다란 재앙을 낳을 수 있다는 사실을 잊지 말아야 한다.

03.『세계를 바꾸는 착한 기술 이야기』

♣31쪽

1. 예시 답안
- 전기가 들어오지 않아 과학 기술의 혜택을 제대로 받지 못한다.
- 농작물과 음식물이 쉽게 상해 버리기 일쑤다.
- 부족한 물을 찾기 위해 많이 걸어야 한다.
- 웅덩이 물이나 강물을 그대로 마셔 질병에 시달리거나 숨지는 사례가 많다.
- 학교에도 가지 못하는 아이들이 많다.
- 땔감이 부족하다.

2. 예시 답안
페트병전구는 빛의 산란 작용을 이용했다. 햇빛은 공기나 먼지 알갱이와 같은 작은 덩어리를 만나면 사방으로 분산된다. 그래서 빛이 들어오는 방향이 바뀌거나 흩어지는데, 이를 빛의 산란이라고 한다. 햇빛은 페트병 속에 담긴 물을 통과하면서 산란 작용이 일어나 방 안을 골고루 비춘다.

♣32쪽

3. 예시 답안
깨끗한 물을 마실 수 있어 물로 인한 질병에 걸릴 위험이 줄어들 것이다. 또 물을 긷는 데 들이는 시간을 돈을 버는 데 쓸 수 있다. 그리고 물을 길으러 다니던 아이들도 학교에 갈 수 있어 나중에 좋은 직업을 가질 수 있다. 의료비도 절약할 수 있어 주민의 소득도 증가할 것이다.

4. 예시 답안
기술 사용자가 놓인 상황과 생활 환경을 먼저 알아야 한다. 기술이 사용되는 사회의 문화와 사용자의 지적 수준, 경제적 수준도 파악해야 한다. 에너지가 많이 필요하지 않고 친환경적이어야 하며, 적은 비용과 현지에서 쉽게 구할 수 있는 재료를 활용해야 한다. 사용하기 쉽고 편리해야 하며, 고장 나도 어렵지 않게 고칠 수 있어야 한다.

초등학생 문해독서 고급 3호 답안과 풀이

♣ 33쪽

5. 예시 답안

가난한 사람을 도와 보람을 얻고 이익도 올릴 수 있는 적정 기술 제품이 많습니다. 예컨대 미국의 적정 기술 사회적기업인 킥스타트가 만든 '머니메이커'는 성공 사례로 꼽힙니다. 지금까지 130만 명을 빈곤에서 구하고 22만 개의 일자리를 새로 만들었으며, 해마다 약 2543억 원의 매출을 올리고 있습니다. 기술이 발전하면서 인간의 생활은 편리해졌지만, 그 기술은 모두에게 평등하지 않습니다. 기술의 혜택이 공평하게 분배되지 않기 때문입니다. 적정 기술이 널리 보급되면 지구촌의 빈부 격차를 줄일 수 있고, 가난한 나라를 구매력이 있는 시장으로 만들 수 있습니다. 그러니 기업들이 적정 기술 개발에 적극 참여해야 합니다.

6. 예시 답안

▶ 적정 기술 제품을 무료로 지원해야 한다 : 가난한 나라에서는 인간이 누려야 할 최소한의 조건을 갖추지 못하고 사는 사람이 적지 않다. 이는 개개인의 능력 차이 때문이라기보다 그 사회 또는 지구 공동체의 구조적 문제 때문이다. 그리고 가난한 나라의 사람들은 무료로 제공 받지 못하면 제품을 구입할 경제적인 여유가 없다. 가난한 나라는 외부의 적극적인 도움 없이는 시장 경제가 만들어지지 못한다. 또 가난한 나라 사람들의 어려운 상황이 부유한 나라에 의해 빚어진 점도 있다. 그리고 가난한 나라의 빈곤과 질병을 물리치는 일은 인류 평화에도 기여한다.

▶ 적정 기술 제품을 무료로 지원하면 안 된다 : 가난한 나라의 사람들에게도 일정한 돈을 받고 팔아 그 지역 주민 스스로 주인 의식을 갖도록 하는 일이 중요하다. 또 현지인에게 기술을 가르쳐 제품을 만들어 팔게 하면, 소득도 늘고 일자리도 생겨 기술이 오래 유지될 수 있다. 가난한 사람에게 무료로 제공되는 구호품은 그 물건의 수명과 함께 사라진다. 지역 경제 기반과 기업가 정신을 훼손하고 현지인이 스스로 일어설 기회까지 빼앗는다. 따라서 사회적기업을 통해 적정 기술이 지속적으로 제공되고 발전할 수 있도록 적절한 돈을 받고 팔아야 한다.

♣ 34쪽

7. 예시 답안

이름	자전거세탁기
개발 이유	전기가 들어오지 않아 손빨래를 하며 하루를 보내는 사람들을 돕기 위해서다.
쓰이는 곳	의류나 이불 등을 세탁할 때 쓴다.
특징	▶ 전기가 필요하지 않아 어디서든 사용할 수 있다. ▶ 구하기 쉬운 자전거와 드럼통을 이용해 만든다. ▶ 누구나 손쉽게 사용할 수 있다.
제품에 담긴 과학적 원리	자전거의 원리를 이용했다. 사람이 페달을 밟아 체인을 돌려 자전거를 움직이는 힘으로 전기 없이 세탁기를 작동시킨다.
완성품 모습 (사진 또는 그림)	(생략)

♣ 35쪽

8. 예시 답안

과학 기술의 발전과 경제 성장 덕에 사람의 삶은 풍요롭고 편리해졌다. 하지만 자연 환경이 훼손되고 자원이 고갈되며 지역 간 또는 국가 간의 빈부 격차가 심화되는 등 여러 문제가 일어나고 있다. 지속 가능한 발전을 위해서는 한정된 자원을 효율적으로 이용하고 가난한 사람의 삶을 향상시켜 불평등을 줄

일 수 있는 적정 기술이 필요하다. 적정 기술은 가격이 싸며 에너지 자원 소모가 적다. 또 관리와 유지가·유지가 쉽고, 환경에 나쁜 영향을 최소화하는 특징이 있다. 적정 기술을 발전시키려면 사용자가 손쉽게 관리해서 유지할 수 있는 기술을 적용해야 한다. 저개발국을 위한 적정 기술로 개발된 제품 가운데는 보급한 뒤 관리가 잘 안 돼 방치된 예도 있다. 사용자에게 꼭 맞는 기술을 적용하는 것만큼이나 적절한 방법으로 기술을 제공하는 일도 중요하다. 적정 기술이 사용자에게 어떻게 전달되는지, 적정 기술을 지속적으로 사용하기 위해 어떤 전달 구조가 필요한지 고려해야 한다.

04. 『유엔 미래 보고서가 선정한 미래 유망 직업 미래 직업, 어디까지 아니?』

♣ 41쪽

1. 예시 답안

미래의 직업 세계를 이해하면 직업에 대한 관심이 높아져 꿈을 찾는 데 도움이 되기 때문이다. 또 그 직업을 갖기 위해 무엇을 준비하고, 어떤 공부를 해야 하는지 알 수 있다.

2. 예시 답안

	미래
근무 장소	집이나 다른 장소에서 일할 수 있다.
근무 기간	자유 계약직 형태로 여러 회사에서 일한다.
임금	성과와 능력에 따라 받는다.

♣ 42쪽

3. 예시 답안

찬성	반대
1. 컴퓨터 활용 능력이 향상된다. 2. 교육 정보화 수준이 높아져 미래 사회를 잘 대비할 수 있다.	1. 게임 중독에 쉽게 빠질 수 있다. 2. 개인용 컴퓨터를 보급해야 하므로, 나라의 경비 부담이 커진다.

4. 예시 답안

자율 주행차가 실용화되면 대리 기사가 사라질 것이다. 사람의 도움 없이 자동차가 알아서 운전하기 때문이다. 이에 비해 자동차 탑승 경험 설계자 등의 직업이 새로 생길 것이다. 사람이 탑승할 때 쾌적한 환경을 제공하기 위한 테스트를 거쳐야 하기 때문이다.

♣ 43쪽

5. 정답

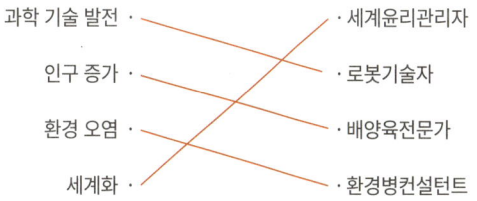

6. 예시 답안

환경병컨설턴트 : 탐구심을 가져야 한다. 환경 문제가 왜 발생하고 어떻게 해결해야 하는지를 규명해야 하기 때문이다. 사명감도 필요하다. 환경 문제를

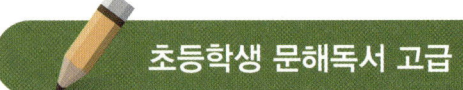
초등학생 문해독서 고급 3호 답안과 풀이

해결하고 자연을 보존해 인류에게 도움이 되겠다는 책임 의식이 강해야 하기 때문이다.

♣44쪽
7. 예시 답안
세계윤리관리자가 필요한 이유는 세계에서 일어나는 갈등과 분쟁을 해결하는 데 도움을 주기 때문이다. 오늘날 종교와 인종, 경제적 격차에 따라 세계 곳곳에서 갈등과 분쟁이 일어나고 있다. 세계윤리관리자는 다양한 사람이 함께 어울려 살 수 있는 방법을 제시해 갈등과 분쟁을 해결할 수 있도록 이끈다. 내가 세계윤리관리자라면 인간은 누구나 존엄한 존재이므로, 인종이나 성별, 장애 등 타고난 조건 때문에 차별을 받아서는 안 된다는 윤리 원칙을 만들 것이다. 인류의 갈등은 대부분 나와 다른 조건을 지닌 사람을 무시하고 차별하는 마음에서 시작되기 때문이다. 예를 들면 유럽에서 활동하는 이슬람 극단주의자들 대다수도 어려서 종교와 인종 차별을 겪었다고 한다. 이들은 증오심을 키워 테러를 일으켰다. 이들이 어려서부터 존중을 받고 차별을 당하지 않았다면 오늘날과 같은 위협은 없었을 것이다.

♣45쪽
8. 예시 답안
인공 지능으로 인한 직업의 변화가 가장 클 것으로 예상된다. 인공 지능이란 사람처럼 스스로 생각하고 이해하고 행동하는 능력을 컴퓨터 프로그램으로 실현한 기술이다. 전문가들은 인공 지능 로봇이 사람을 대신해 집안 청소며, 세탁, 마당 손질까지 완벽하게 해 줄 날이 머지않았다고 말한다. 인공 지능이 등장하면 각종 서비스 직종뿐만 아니라 의사와 변호사 등 데이터 분석을 기반으로 한 직업도 인공 지능으로 대체될 것이다. 이에 비해 인공 지능 개발자나 프로그램 설계자 등 인공 지능 제작에 관련된 직업은 유망해질 것이다. 진로를 고민하며 사회나 기술 변화에도 관심을 기울여야겠다. 현재 안정성이 크다고 인정을 받는 직업이지만 미래에는 사라질 수도 있기 때문이다. 사회와 기술의 변화를 주목해 나의 흥미와 적성에 맞는 미래 유망 직종이 무엇인지 탐색할 것이다.

05. 『수상한 돈돈농장과 삼겹살 가격의 비밀』

♣51쪽
1. 예시 답안
딸기는 계절에 따라 가격의 오르내림 폭이 큰 상품인데, 제철인 봄에 싸고 겨울에 비싸다. 그래도 겨울에 딸기를 사려는 사람은 줄지 않는다. 딸기를 재배하려면 온실 같은 시설이 있어야 하고, 비용이 많이 들어 공급량이 적다. 사려는 사람은 많은데 공급량이 적으면 가격이 오른다.
2. 예시 답안
돼지고기 공급량이 부족해졌기 때문이다. 구제역이 발생해 많은 돼지가 살처분을 당했다. 하지만 돼지고기를 사려는 사람은 여전히 많고, 돼지고기 공급량은 크게 줄어서 값이 오른 것이다.

♣52쪽
3. 예시 답안
▸ 동네 치킨 집의 치킨 가격이 오른다.
▸ 삼계탕 가게의 삼계탕 값이 오른다.
▸ 쇠고기나 오리고기의 가격도 함께 오른다.
4. 예시 답안
▸ 쌀 : 국민의 주식이어서 꼭 필요하기 때문에 가격이 올라도 산다.
▸ 우유 : 아기나 어린이에게 필요한 식품이고, 빵이나 다른 음료수를 만들 때도 많이 들어가기 때문에 가격이 올라도 구입한다.
▸ 생수 : 물은 꼭 마셔야 하기 때문에 가격이 올라도 산다.

♣53쪽
5. 예시 답안
가게가 여러 곳이 있으면 소비자의 선택을 받으려고 서로 경쟁하기 때문에 메뉴도 다양하게 갖추고 물건도 싸게 판다. 그러나 영화관의 팝콘 가게나 놀이공원 매점은 지정된 곳에서만 영업하기 때문에 가게 수가 적어 경쟁할 필요가 없다. 따라서 물건의 가격도 비싸고 메뉴도 다양하지 못하다.
6. 예시 답안
공장식 사육을 하면 좁은 곳에서 최대한 많은 돼지를 키울 수 있기 때문에 생산량이 늘어나 고기 값이 싸진다고 생각하기 쉽다. 그러나 공장식 사육을 하면 돼지가 병에 잘 걸려 떼죽음을 당하는 일이 자주 발생한다. 그러면 오히려 돼지의 수가 크게 줄어 고기 값이 오른다. 이에 따라 닭이나 소 등 다른 고기를 사려는 사람이 늘어 고기 값이 전부 오르게 된다. 이렇게 되면 전체 물가가 상승해 고기를 더 비싼 값에 먹을 수밖에 없다.

♣54쪽
7. 예시 답안
불매 운동이란 어떤 업체가 올바르지 못한 행동을 하거나 소비자에게 피해를 주는 물건을 팔았을 때 그 회사의 상품을 사지 말자고 행동하는 일이다. 소비자가 기업에게 할 수 있는 가장 손쉬운 대응 방법이다. 인터넷이 없던 과거에는 기업의 잘못이 잘 퍼지지 않았고 불매 운동 사실도 알려지지 않아 동참하는 사람이 적었다. 그러나 인터넷이 발달하면서 정보 공유가 쉬워져서, 기업의 잘못을 알려 불매 운동에 나서는 사람이 늘었다. 인터넷 게시판을 통해 의견을 주고받거나 SNS(사회관계망서비스)로 뜻을 모으기도 간편해져 불매 운동은 더 힘을 얻게 되었다.

♣55쪽
8. 예시 답안
기업 윤리란 도덕성을 가지고 기업을 올바르게 운영하는 일을 말한다. 돈돈농장은 당장의 돈벌이에 급급해 기업 윤리를 무시했다. 공장식 축산으로 돼지를 구제역에 걸리게 했고, 죽은 돼지의 수를 속여 정부의 보조금을 더 탔다. 돈돈농장 때문에 오성시의 공무원은 하지 않아도 될 일을 했고, 시민은 돼지고기를 비싸게 사 먹는 피해를 보았다. 돈돈농장의 사장이 기업 윤리를 지켰다면 소비자는 깨끗하고 안전한 곳에서 기른 돼지고기를 싼값에 사 먹고, 오성시의 물가도 크게 오르지 않았을 것이다. 가축 전염병도 없고, 살처분 때문에 빚어진 토양 오염도 발생하지 않았을 것이다. 돈돈농장이 기업 윤리를 잘 지킨다는 사실이 알려지면 소비자들은 다른 농장의 고기보다 돈돈농장의 고기를 살 것이라서 돈돈농장의 사장도 더 많은 돈을 벌었을 것이다. 기업 윤리를 어기면 당장에는 돈을 벌 수 있지만 나중에는 사회에 해를 끼쳐 벌을 받는다는 사실을 잊어서는 안 된다.

06. 『이희수 교수님과 함께하는 어린이 이슬람 바로 알기』

♣61쪽
1. 예시 답안
▸ 책을 읽기 전에 알았던 것 : 여자는 외출할 때 히잡을 두르고 다닌다.
▸ 책을 읽은 뒤 새로 안 것 : 남자는 여러 명의 아내를 둘 수 있다.
▸ 책을 읽은 뒤 더 알고 싶은 것 : 우리나라에서 이슬람교를 믿는 사람이 어

초등학생 문해독서 고급 3호 답안과 풀이

떻게 생활하는지 궁금하다.
2. 예시 답안

　히잡은 이슬람 지역의 전통 문화입니다. 히잡 착용은 이슬람의 종교적 의무이면서 낯선 남자들과의 만남을 피하려는 뜻이 담겨 있지요. 히잡은 이슬람의 가치를 중시하는 여성이 자기네 종교를 확인하는 상징이므로 다른 나라 사람이 히잡 착용을 반대할 권리가 없습니다.

♣62쪽
3. 예시 답안
▶ 일부다처제 찬성 : 이슬람 지역의 일부다처제는 사막과 같은 척박한 곳에서 살아남고, 부족을 지키기 위한 방법이 수 세기에 걸쳐 자리를 잡은 전통이다. 결혼 제도는 나라나 지역마다 다르므로 이슬람의 일부다처제도 인정해야 한다.
▶ 일부다처제 반대 : 이슬람의 일부다처제는 예전의 숱한 전쟁 때문에 남편을 잃은 아내가 가족의 생계를 유지하기 위해 뿌리를 내린 악습이다. 시대가 변했고, 결혼 제도도 시대에 따라 달라져야 하므로 일부다처제를 폐지해야 마땅하다.

4. 예시 답안
　'인샬라'는 '신이 원하신다면'이라는 뜻이다. 이슬람 사람은 미래의 일에 대해서도 '인샬라'를 자주 사용하는데, 오직 하느님만이 미래의 일을 알고 있다고 생각하기 때문이다.

♣63쪽
5. 예시 답안
　우리나라의 전통 음식인 '전주비빔밥'을 소개합니다. 전주비빔밥이 만들어진 유래는 여러 가지가 있어요. 그 가운데 한 가지를 소개하면, 옛날 전쟁이 일어나 왕이 피란했는데, 왕에게 올릴 만한 음식이 없어 밥에 여러 가지 나물을 넣고 비벼 올린 데서 시작되었다고 해요. 전주비빔밥을 만들려면 먼저 쌀로 밥을 고슬고슬하게 짓고, 더울 때 참기름을 둘러서 비벼 놓습니다. 그리고 콩나물, 시금치, 고사리 등은 데치거나 삶아 참기름과 간장을 넣어 무치거나 볶지요. 황포묵은 채를 썰어 양념장으로 무치고, 쇠고기는 양념을 해서 볶아요. 커다란 그릇에 밥을 넣은 뒤 준비한 여러 가지 나물과 고추장, 깨소금을 한데 넣고 참기름으로 맛있게 비벼서 먹으면 됩니다.

6. 예시 답안
▶ 이슬람 사람들에게 돼지고기를 함께 먹자고 권하지 않는다.
▶ 반가움을 표시하거나 인사를 나눌 때 남성은 이슬람 여성의 몸에 닿지 않도록 조심한다.
▶ 초대를 받은 집에서 낙타 바비큐를 내주면 되도록 거절하지 않는다.

♣64쪽
7. 예시 답안
　아라비안나이트는 '천일야화'라는 뜻이야. 천일야화는 지혜로운 여자 셰에라자드가 여자를 증오하는 아라비아의 왕에게 1001일 동안 들려준 이야기에서 유래했어. 아내의 배신 때문에 분노에 찬 왕은 온 나라의 처녀를 신붓감으로 데려와 하룻밤을 보낸 뒤 죽이는 일을 반복했지. 이때 재상의 딸인 셰에라자드도 궁으로 들어갔는데, 셰에라자드는 밤을 보내면서 왕에게 신비한 이야기를 들려주었어. 왕은 셰에라자드가 들려주는 신비로운 이야기를 듣기 위해 그를 살려 주었고, 그렇게 1001일 밤을 보냈어. 셰에라자드가 왕에게 들려준 이야기는 '알리바바와 40명의 도적', '알라딘과 요술 램프', '신드바드의 모험' 등이 있는데, 지금도 전해지고 있어.

♣65쪽
8. 예시 답안

여행 계획표	
여행하고 싶은 지역 (나라)	사우디아라비아
기간	○○○○년 ○○월 ○○일~○○월 ○○일
준비물	여권, 모자, 선크림, 가벼운 옷과 신발, 간단한 음식 등.
체험하고 싶은 것	전통 의상 입기, 기본적인 아랍어 배우기 등.
만나고 싶은 사람들	사우디아라비아 왕자, 사우디아라비아 연예인 등.
주의할 점	1. 뜨거운 음식을 먹을 때 '후' 하고 불면 예절에 어긋나므로 주의한다. 2. 사우디아라비아 사람들이 인사를 길게 하면 친근함의 표시로 받아들인다. 3. 사우디아라비아 사람들은 손수건 선물을 이별로 받아들이므로 손수건을 선물하지 않는다.

07. 『닭답게 살 권리 소송 사건』

♣71쪽
1. 예시 답안

	고통을 당하는 까닭
유기견	사람과 함께 집에서 살다가 주인에게 버려졌기 때문이다. 유기견은 혼자서 할 수 있는 것이 없다.
동물원 북극곰	북극에서 살던 북극곰이 동물원으로 잡혀와 비좁은 공간에 갇혀 지내기 때문이다. 동물원의 환경은 북극곰이 살기에 적합하지 않다.
실험 동물 토끼	의약품이나 화장품의 효능을 검사하고 각종 질병을 연구하기 위함이다. 위험 물질을 사람에게 실험할 수 없기 때문에 눈물을 흘리지 않는 토끼에게 실험한다.

2. 예시 답안
　고유 번호를 통해 소유자를 쉽게 찾을 수 있으므로 개가 집을 잃거나 유기견이 되는 것을 막을 수 있다. 반려 동물을 기르는 데 책임감이 생겨 개를 버리려고 하는 사람이 줄어든다. 그리고 이 제도 덕분에 동물 복지에 대한 사람들의 인식이 나아진다.

♣72쪽
3. 예시 답안
　인간이 유일하게 이성을 가졌다는 이유만으로 동물을 필요할 때만 이용하는 도구로 여겨서는 안 된다. 모든 생명체는 자체로 존엄하다. 따라서 존엄성을 판단하는 기준은 이성을 가졌느냐가 아니라 생명체이냐 아니냐이다. 그리고 고통을 느낄 수 있는 존재는 고통을 당하지 않을 권리를 존중 받아야 한다. 동물도 고통을 느낄 수 있으므로 고통을 주어서는 안 된다. 또 동물에게 어쩔 수 없이 고통을 주더라도 덜 주려고 노력할 의무가 있다.

131

초등학생 문해독서 고급 3호 답안과 풀이

4. 예시 답안
- 모든 반려 동물의 등록제를 실시한다.
- 반려 동물 가게에서는 면적당 사육 가능한 수를 정해 쾌적한 환경에서 기르도록 한다.
- 동물원에서는 동물의 본성을 유지할 수 있도록 야생과 비슷한 환경을 만들어 준다.
- '동물 보호의 날'을 만든다.

♣73쪽
5. 예시 답안
　많은 나라가 모피를 얻을 목적으로 동물을 사육하거나 도살하는 행위를 금지하고 있습니다. 동물 보호에 대한 관심이 높아졌기 때문입니다. 하지만 아직도 중국에서는 모피를 얻기 위해 많은 동물을 희생시키고 있습니다. 동물도 인간처럼 고통을 느끼는 생명입니다. 따라서 인간이라는 이유로 동물의 생명을 함부로 빼앗아서는 안 됩니다. 더구나 모피를 얻기 위해 동물들을 희생시키는 일은 사람의 생존을 위해서가 아니라 겉모습을 화려하게 꾸미기 위해 저지르는 행위이므로 법으로 금지해야 합니다. 동물을 잔인하게 희생시키며 모피를 생산하는 나라로 기억되지 않으려면, 하루빨리 모피 공장에서 희생되는 동물을 보호할 법을 만들어 주시기 바랍니다.

6. 예시 답안
　양계 농장에서 키우는 닭에게 야생의 닭처럼 본성을 유지하며 살게 해 주라는 요구는 무리입니다. 살아가는 환경과 목적이 다르기 때문입니다. 양계 농장의 닭은 상업적인 이익을 얻기 위해 키우므로 닭의 권리를 보장하기 위해 농장주가 손해를 입을 수는 없습니다. 양계 농장에서 닭을 키우는 방식은 보편적이며 법을 위반한 것이 아닙니다. 배터리 케이지를 사용하는 이유는 적은 공간에서 많은 수의 닭을 키우기 위함입니다. 닭을 풀어 키우려면 넓은 공간과 일손이 필요하고, 비용이 많이 들어 달걀 값이 오릅니다. 이렇게 되면 농가는 타격을 받을 수밖에 없다는 점을 고려해야 합니다.

♣74쪽
7. 예시 답안
- 동물원 폐지에 찬성하는 의견 : 동물원 폐지에 찬성합니다. 동물원은 동물을 가두어 놓고 전시하는 장소입니다. 동물들은 자연에서 떨어져 좁은 곳에 갇혀 지냅니다. 아무리 자연과 비슷한 환경을 만든다고 해도 같을 수는 없습니다. 동물마다 특성이 있는데, 그 특성을 무시당하고 인간이 만들어 놓은 환경에서 사는 것입니다. 동물원의 동물들은 스트레스가 심해서 의미 없는 행동을 반복합니다. 운동 부족으로 질병에 걸리기 쉽고 번식하기도 어렵습니다. 인간이 동물을 위해 할 수 있는 일은 동물을 가두는 것이 아니라, 생태계 파괴를 멈춰 동물이 자연 환경에서 스스로 살아갈 수 있게 하는 것입니다.
- 동물원 폐지에 반대하는 의견 : 동물원 폐지에 반대합니다. 사람은 동물원에서 동물과 가까워질 수 있습니다. 동물원이 없다면 사람과 동물이 직접 만나 동물에 대한 이해와 교감을 나눌 수 있는 장소가 사라집니다. 동물원은 동물이 사람과 함께 지구에서 공존한다는 사실을 증명하는 공간이자, 사람이 동물과 공존하기 위해 노력해야 한다는 사실을 배울 수 있습니다. 동물원은 멸종 위기의 야생 동물을 보호하고, 생물 종을 보존하는 역도 합니다. 요즘 동물원은 자연 생태계와 비슷한 환경을 만들어 주기 위해 노력하고 있습니다. 이런 노력을 바탕으로 동물원이 동물 보호를 위해서도 꼭 필요함을 잊어서는 안 됩니다.

♣75쪽
8. 예시 답안
　여우는 모피의 생산량을 늘리기 위해 좁은 곳에 가둬 놓고 강제로 살을 찌우므로 눈도 뜨지 못한다. 이처럼 사람의 이익을 위해 고통스럽게 사는 동물이 적지 않다. 동물도 인간처럼 행복할 권리와 존중을 받을 권리가 있다. 동물의 권리를 보호해야 하는 까닭은, 동물도 고통과 감정을 느낄 수 있기 때문이다. 동물의 권리를 보호하려면 동물을 인간과 공존하는 생명체로 여겨야 한다. 그리고 동물 실험을 한 화장품과 모피로 만든 제품은 사용하지 말자고 부모님께 제안할 수도 있다. 반려 동물을 키우고 싶을 때는 사지 말고 유기 동물을 입양하는 것이 동물의 권리를 보호하는 하나의 방법이다. 끝까지 책임질 자신이 없으면 동물을 함부로 입양해서는 안 된다. 동물을 이용하는 공연장에 가지 말고, 용돈을 모아 동물 보호 단체에 기부하는 방법이다. 내가 속한 공동체에 동물의 권리를 보호해야 하는 이유를 알리는 일도 중요하다.

08. 『기호 3번 안석뽕』

♣81쪽
1. 예시 답안
- 구멍가게들이 장사가 잘 되지 않는다.
- 전통 시장 상인과 지역 주민이 일자리를 잃게 된다.
- 과소비나 충동 구매를 하는 사람이 늘어난다.
- 교통 체증이 심해진다.

2. 예시 답안
　자신보다 힘이 세거나 위치가 유리한 상대에게 굴복하지 않고 맞서 싸우려고 한다.

♣82쪽
3. 예시 답안
- 정당하다 : 피마트는 법의 허점을 피해 몰래 마트를 열었다. 시장 상인은 피마트의 입점을 반대했지만, 피마트 같은 대형 기업을 상대로 시장 상인과 같은 약자가 할 수 있는 일은 많지 않다. 약자가 강자에 대항해 자신의 의견을 표현했기 때문에 정당하다고 본다.
- 정당하지 않다 : 피마트가 법의 허점을 피해 들어왔다고 해도, 바퀴벌레를 마트에 푸는 행위는 마트를 이용하는 손님과 마트에서 일하는 직원의 건강에 해롭다. 또 시위를 하는 것처럼 정당하게 항의하는 방법이 있는데도 법에 어긋나는 행위를 했다.

4. 예시 답안
　어떤 문제를 해결하려면 사자처럼 원인이 무엇이었는지부터 생각해야 한다. 안석뽕이 장난질로 학교 이름을 더럽힌 행위는 막무가내로 시장 근처에 문을 연 피마트 때문이다. 또 안석뽕이 말썽쟁이로 찍힌 까닭은 반장인 고경태를 편애하는 담임 선생님 잘못 때문이다. 공부를 잘하지 못하고 집도 부유하지 않은 안석뽕을 좋지 않게 보는 담임 선생님의 편견 탓도 있다. 이런 원인을 무시하고 개처럼 결과만 따져서 이야기한다면 문제가 바람직한 방향으로 해결될 수 없다.

♣83쪽
5. 예시 답안
- 방민규에게 투표할 것이다 : 반듯하게 행동해 모범이 되는 어린이가 회장으로 뽑혀야 한다. 드러난 결과를 놓고, 회장 후보를 판단할 필요가 있다. 고경태는 아이들에게 햄버거를 제공하려다가 1회 경고를 받았고, 안석뽕은 말썽에 휘말려 경찰서에 드나들었으며 아이들에게 떡을 제공하겠다고 해서 2회 경고를 받았다. 방민규는 두 사람과 달리 아무런 말썽도 일으키지 않았다.
- 안석뽕에게 투표할 것이다 : 약한 사람을 도울 줄 아는 어린이가 회장으로 뽑혀야 한다. 어떤 행위의 동기를 놓고, 회장 후보를 판단할 필요가 있다. 방민규는 자신이 회장으로 어떤 장점이 있는지 표현하는 대신 다른 사람을 헐뜯기

초등학생 문해독서 고급 3호 답안과 풀이

만 했다. 안석뽕은 말썽을 일으켰지만 힘이 약한 사람 편에서 서서 그들을 도우려고 노력했다. 이러한 마음가짐과 행동은 높이 평가를 받아야 한다.

6. 예시 답안
▶ 신문사나 방송사에 피마트의 입점이 정당하지 않으며, 지역 경제에 부정적인 영향을 끼친다고 독자 투고를 한다.
▶ 청와대 국민청원 게시판에 피마트의 입점으로 생길 악영향을 제대로 평가하지 않고 허가를 내 준 구청을 고발하는 글을 올린다.
▶ 문덕 시장과 피마트 주변에 사는 주민과 함께 피마트 불매 운동을 펼친다.

♣ 84쪽
7. 예시 답안
공동체 사회는 여러 구성원이 모여 살기 때문에 이해 관계가 충돌할 수밖에 없다. 따라서 공동체 사회에서 의사를 결정할 때에는 이해 관계가 충돌하는 구성원이 모여 협상해야 한다. 한쪽 말만 듣고 의사를 결정하면 손해만 보는 구성원이 나올 수 있지만, 협상하면 이익과 손해를 조정해 결과에 대한 구성원의 불만을 줄일 수 있다. 구청은 이해 관계가 충돌하는 구성원에게 협상할 기회를 주지 않았다는 점에 잘못이 있다. 피마트의 입점은 문덕 시장 상인이나 주민과 이해가 충돌한다. 따라서 피마트 점주는 상인이나 주민과 협상 절차를 밟아야 하는데, 구청은 이러한 절차를 무시했다.

♣ 85쪽
8. 예시 답안
충남 당진에서 2017년 문을 연 상생스토어는 대형 마트와 지역의 전통 시장이 상생할 수 있는 모습을 보여 주는 모범 사례다. 대형 마트는 당진어시장 2층에 공산품을 파는 매장과 카페, 장난감 도서관, 푸드코트를 열어 시민을 끌어들였다. 1층에선 신선 식품을 팔고, 2층에서는 밥을 먹고 문화 시설을 즐기는 장소가 완성된 것이다. 어시장을 떠났던 젊은 사람들이 다시 몰려들기 시작하며 당진어시장은 활기를 찾았다. 문덕 시장도 피마트와 상생하는 방안을 찾으면 시장과 마트뿐 아니라 주민에게도 이익을 줄 수 있다. 피마트는 문덕 시장의 상인들이 파는 물건은 되도록 팔지 말고, 꼭 팔아야 한다면 규모를 줄여야 한다. 또 일주일에 한 번씩은 휴무일을 정해 소비자들이 문덕 시장을 찾을 수 있도록 배려한다. 피마트에서 문화센터나 카페를 열 때, 또는 각종 행사를 개최할 때 시장 상인이 참여할 길을 열어 놓아야 한다. 그러면 피마트를 찾는 사람도 시장에 친숙함을 느낄 것이고, 피마트에 들렀다가 시장에서 물건을 사는 등 시장의 매출도 올릴 수 있다.

09. 『이 박을 타거들랑 밥 한 통만 나오너라 흥부전』

♣ 91쪽
1. 예시 답안
▶ 그대로 머물 것이다 : 나는 아내를 포함해 29명의 자녀와 함께 31명의 대식구를 이뤄 남의 집 움막을 빌려 산다. 그런데 여기서 살면서도 매일 끼니를 걱정해야 할 만큼 가난하다. 스님이 가르쳐 준 대로 이사를 가서 집을 새로 지으려면 땅을 사고 집을 짓는 데 또 빚을 져야 한다. 그 돈이 있다면 장사라도 새로 시작할 것이다. 스님이 가르쳐 준 대로 이사를 해서 부자가 된다는 보장도 없고, 더 이상 빚을 지면 헤어 나오기 어렵다.
▶ 이사할 것이다 : 나는 아내를 포함해 29명의 자녀와 함께 31명의 대식구를 이뤄 남의 집 움막을 빌려 산다. 그런데 여기서 살면서 열심히 노력해도 매일 끼니를 걱정해야 할 만큼 가난하다. 빚을 지더라도 집을 옮겨 사람들이 많이 사는 곳으로 가면 소작도 얻고, 기회를 더 잡을 수 있을 것이다. 스님 말씀처럼 부자가 될 수 있는 발복하는 집터도 있다고 생각한다.

2. 예시 답안
흥부는 놀부와 달리 부모에게 물려받은 재산이 없고, 부양해야 할 식구는 많다. 조선 시대에는 일자리가 많은 것도 아니었다. 대다수 백성은 기껏해야 품을 팔거나 비싼 소작료를 내고 지주의 땅을 빌려 농사를 지어야 했다. 과거에 합격하려면 몇 년을 공부해야 하는데, 당장 먹고 살 길이 막막한 가장이 그럴 수도 없다. 국가에서 가난한 사람을 돕는 복지제도를 촘촘하게 갖춘 것도 아니다. 이렇게 앞뒤가 꽉 막힌 상황에서 흥부처럼 가난한 사람에게는 신분 상승의 기회가 없다. 경제적으로 뒤쪽에서 출발하기 때문에 앞서서 출발하는 사람을 아무리 노력해도 따라잡을 수 없는 것이다.

♣ 92쪽
3. 예시 답안
우리나라보다 소득이 적은 멕시코나 칠레, 브라질, 엘살바도르 등이 우리나라보다 행복지수가 높은 까닭은, 남과 비교하지 않고 경쟁도 치열하지 않기 때문일 것이다. 아무리 부자라도 개인적으로 남과 비교하기를 좋아하거나 사회적으로 경쟁이 치열할 경우 행복지수는 떨어지게 된다. 흥부는 이사한 뒤 볼품 없는 집이지만 자기 집이 생기고, 동네 부자에게 소작도 얻어서 과거보다 사는 형편이 나아졌다며 행복해 했다. 행복해지려면 이처럼 지금 나의 상황이나 감정에 충실해서 감사하는 생활을 실천해야 한다. 내가 과거보다 현재 얼마나 나아졌는지, 꿈꾸는 미래의 모습에 얼마나 가까워졌는지 생각하면 감사하는 마음이 샘솟는다.

4. 예시 답안
이야기에는 항상 시대적 배경이 들어간다. 따라서 박에서 나온 것들은 그 시대를 사는 백성의 바람이기도 하다. 흥부가 탄 첫 번째 박에서 맨 먼저 나온 만병통치약으로 보아, 건강하게 오래 사는 것을 가장 큰 행복으로 여겼을 것이다. 줄지 않는 돈과 쌀도 쏟아졌는데, 쌀은 돈으로 살 수 없을 만큼 귀해서 쌀과 돈을 분리한 것으로 보인다. 두 번째 박에서는 신분이 높은 사람들이나 입는 비단이 쏟아져 나왔다. 단순히 좋은 옷의 의미가 아니라 신분 상승에 대한 열망을 드러냈다고 볼 수 있다. 세 번째 박에서는 집을 짓는 기술자들이 나와 새 집을 지었다. 따라서 조선 시대에는 귀족이 되어 좋은 집에 살면서 좋은 음식을 먹고 건강하게 오래 사는 것이 최고의 바람으로 보인다.

♣ 93쪽
5. 예시 답안
강원도 정선의 강원랜드 카지노 도박장에는 하루 평균 8000여 명이 드나든다. 여기서 돈을 잃은 사람은 대박의 꿈을 잊지 못하고 돈만 생기면 다시 카지노를 찾는다. 결국 돈을 모두 잃어서 자살하는 사람이 1년에 40여 명에 이른다. 도박에 중독되면 이처럼 헤어 나오기 어렵다. 놀부도 대박을 꿈꾸는 도박 중독자와 다르지 않다. 박을 하나 탔을 때 손해가 났으면 그쳐야 했다. 하지만 놀부가 대박을 맞았다는 소리에 빠져서 잘못된 행위를 되풀이하는 바람에 모든 걸 잃고 목숨마저 빼앗길 위기에 빠진다. 아무리 좋은 일도 지나치면 모자란 것보다 낫지 않다.

6. 예시 답안
개인의 재산이 도덕적으로 인정을 받으려면 노동을 통해 벌어야 한다. 이런 입장에서 누군가에게 증여를 받거나 부모님께 상속을 받은 재산은 어떤 노동도 하지 않고 얻은 재산이다. 따라서 노동을 통해 얻은 소득보다 무겁게 세금을 매겨야 한다. 그래야 빈부 격차를 줄일 수 있고, 그 돈으로 국민의 복지를 위해 쓸 수 있다. 노동을 하지 않고 얻은 소득에 세금을 무겁게 부과하지 않으면 돈이 있는 집안은 대대로 그 부를 이어받아 부자로 살고, 가난한 사람에겐 영원히 부자가 될 수 있는 기회가 사라진다. 부지런히 일해서 돈을 버는 사람의 근로 의욕도 떨어뜨려 경제 발전이 어렵게 된다.

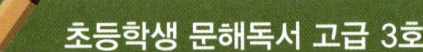

♣94쪽
7. 예시 답안

우리나라의 2015~2018년 합계출산율 평균은 1.11명이다. 조사 대상 201개국 가운데 꼴찌다. 대신 세계 최고 수준으로 고령화 속도는 빨라지고 있다. 고령 인구는 증가하고 출산율이 낮아지면 경제 활동 인구가 줄어 나라 전체의 생산력이 떨어진다. 인구가 감소해 내수 시장이 줄어드는 바람에 국내 기업의 판매도 어렵게 된다. 시간이 지나면서 부모 세대를 부양할 인구도 줄어 세대 간 갈등도 생긴다. 흥부는 가난한데도 자녀를 29명이나 두어 먹고살기 어려웠다. 조선 시대에는 산업이 발달하지도 않았고 소비 활동이 거의 없어 마땅한 일자리가 부족했기 때문이다, 하지만 지금은 적정한 인구가 뒷받침되어야 생산과 소비 활동이 유지되고 경제가 발전할 수 있다. 따라서 흥부의 다자녀 갖기 정신이 절실한 때다.

♣95쪽
8. 예시 답안

흥부는 박에서 돈이 쏟아져 나오자 가난한 사람을 구제하러 나섰다. 자식이 29명이나 되기 때문에 재산을 물려주어야 할 처지다. 그런데도 가난한 사람을 돕는 데 앞장섰다. 미국의 억만장자 빌 게이츠 마이크로소프트 창업자도 지금까지 기부액이 350억 달러(41조 7000억 원)를 넘어섰다. 페이스북 최고 경영자인 마크 저커버그도 자신이 죽기 전에 페이스북 주식의 99%(약 50조 5000억 원)를 기부하겠다고 약속했다. 자식들에게 재산을 물려주지 않고 사회적 책임을 다하는 것이다. 복지가 발달한 오늘날에도 정부가 법이나 제도로 메울 수 없는 부분이 있다. 부자들의 기부가 필요한 이유다. 부자들은 가난한 사람보다 사회적으로 누리고 사는 것이 많다. 따라서 공동체 전체가 더불어 잘살 수 있도록 책임을 다해야 한다.

10. 『일투성이 제아』

♣101쪽
1. 예시 답안

▶ 엄마와의 관계 : 엄마는 일 때문에 바쁘셔서 제아에게 자기 대신 동생들을 돌보고 집안일을 하라고 부탁했는데, 제아는 불만이 있지만 이를 표현하지 않고 시키는 대로 순응하면서 엄마를 돕는다.

▶ 아빠와의 관계 : 제아는 친구 집에 시간을 맞춰 가려고 아빠가 일찍 퇴근해서 동생들을 돌봐주기로 약속했는데, 아빠가 약속을 지키지 않자 자기를 배려하지 않는 것 같아 섭섭함을 느낀다.

▶ 동생들과의 관계 : 제아는 엄마를 대신해 어린 동생들을 돌본다.

▶ 수연이와의 관계 : 제아는 수연이와 오랫동안 친하게 지냈지만, 지혜네 집에서 열린 파자마 파티에 못 가는 바람에 특별히 싸우지도 않았는데 사이가 멀어졌다.

▶ 연주와의 관계 : 제아는 수연이와 사이가 멀어지면서 엄마에게 할 말을 하는 연주에게 흥미를 느낀다.

2. 예시 답안

제아는 친구들과 비교하면서 자신이 더 무거운 짐을 지고 있다고 여기기 때문이다. 제아는 아직 열두 살인데도 어린애처럼 굴면 안 된다. 엄마가 일 때문에 바쁘고 동생이 셋이나 있기 때문이다. 그래서 수연이나 지혜와 달리 엄마를 대신해 동생들을 돌봐야 하고 집안일을 해야 하는 책임을 지고 있다. 디자인 공부를 하고 싶지만 동생을 돌봐야 하기 때문에 먼 곳에 있는 학원에도 다닐 수 없다.

♣102쪽
3. 예시 답안

공동체 구성원들이 자기 이익만 챙기기 때문에 갈등이 심해질 것이다. 제아처럼 어려움에 빠진 이웃을 도우면, 내가 어려움에 빠질 때 이웃의 도움을 받을 수 있다. 그렇게 되면 이웃이 서로 믿고 배려하게 된다. 그러나 어려움에 빠진 이웃을 돕지 않는 사람이 많아지면 저마다 자기 이익만 챙기게 된다. 몇 년 전에 60대 택시기사가 운행 도중 심장마비로 쓰러졌지만, 승객들이 자기네 짐만 챙겨 현장을 떠났다는 사실이 알려지면서 사회적으로 큰 논란이 있었다. 이런 사람들이 많아지면 공동체 구성원이 서로 믿지 않고 배려하지도 않게 되며, 이해 관계가 부딪쳐 다툼이 심해진다.

4. 예시 답안

제아는 수연이와 절교한 뒤 자신과 생각이 다른 연주를 보면서 흥미를 느낀다. 자기와 비슷한 사람끼리 모이면 마음이 편해진다. 그러나 자기와 관심사가 같거나 생각이 같은 친구만 사귀면 생각의 폭과 시야가 좁아질 우려가 있다. 따라서 취미가 다르거나 생각하는 방식이 다른 친구들과도 어울려야 한다.

♣103쪽
5. 예시 답안

나는 축구 선수 박지성을 역할 모델로 삼고 싶다. 박지성 선수는 신체 조건이 좋지 않고 개인 기술도 뛰어나지 않았다. 하지만 끊임없이 노력해서 남보다 더 부지런히 뛰어다니는 능력을 갖추었다. 영국 최고의 클럽인 맨체스터 유나이티드에서 6년 동안 활약했고, 국가대표팀의 주장까지 맡았다. 나도 박지성 선수의 근면 성실함과 끈기를 본받아 훌륭한 축구 선수가 될 것이다.

6. 예시 답안

제아는 연주가 자기의 꿈을 이루기 위해 노력하는 모습을 보고 자극을 받았다. 그래서 자기도 스스로 할 일을 결정하고 책임을 지겠다고 결심하면서 태도가 달라졌다. 부모님이 시켜서 하는 일이 아니라 스스로 선택해서 하는 일이므로, 책임감이 생기고 같은 일도 즐겁게 하게 된 것이다. 나는 엄마가 방을 치우라고 잔소리를 하면 너무 하기가 싫었다. 그런데 우등생인 친구 집에 갔다가 방이 너무 깨끗하게 정리되어 있어 놀란 적이 있다. 그 친구는 방을 깨끗하게 정리해 놓고 공부하면 집중이 잘된다고 하면서 스스로 방을 치운다고 하였다. 나도 그 친구를 닮기 위해 내 방을 치우기 시작했다. 엄마가 시켜서 하는 일이 아니라 스스로 하니 기분이 좋았다.

♣104쪽
7. 예시 답안

▶ 연주의 결정에 찬성한다. 노력하는 사람은 언젠가 결실을 맺을 수 있기 때문이다. 연주는 춤 실력이 뛰어나지는 않지만 열심히 노력하고 있다. '노력은 성공의 어머니'라는 말이 있듯이 뛰어난 재능을 타고나는 것도 중요하지만, 열심히 노력하는 것이 더 중요하다. 무슨 일이든지 처음부터 잘하는 사람은 없다. 자신이 잘할 수 있는 일이라고 믿고 남보다 더 많이 노력했기 때문에 뛰어난 성취를 이룬 것이다. 연주도 자신을 믿고 끊임없이 노력하면 춤 실력이 나아질 것이다.

▶ 연주의 결정에 반대한다. 아무리 노력해도 결실을 맺기 어렵기 때문이다. 엄마가 반대하는 이유도 연주의 춤 실력으로는 성공하기 어렵다고 판단했기 때문이다. 지금 우리나라에는 연예인이 되고 싶어 하는 사람이 너무 많고, 그 가운데 성공하는 사람은 아주 적다. 뛰어난 재능을 타고난 사람도 마찬가지다. 따라서 열심히 노력한다고 연예인으로 성공한다는 보장이 없다. 연주도 연예인 대신 성공하기 쉬운 다른 길을 찾아야 열심히 노력한 보람을 얻을 수 있을 것이다.

초등학생 문해독서 고급 3호 **답안과 풀이**

♣105쪽

8. 예시 답안

주체성이 없는 초등학생이 늘고 있다. 자신이 직접 결정해서 움직이기보다는 다른 사람의 지시를 따르려는 수동적인 학생이 많아진 것이다. 주체성은 자신의 의지에 따라 스스로 결정할 줄 아는 태도를 말한다. 다른 사람과 관계를 맺을 때에도 주체성이 필요하다. 주체성이 있어야 다른 사람과 좋은 관계를 맺을 수 있기 때문이나. 주체성이 없는 사람은 다른 사람의 눈에 괜찮은 사람으로 보이려고 애쓴다. 하지만 이런 마음가짐으로는 좋은 관계를 오래 유지하기 어렵다. 자신의 마음을 솔직하게 표현하지 못하고, 불만이 있어도 꾹 참아야 하기 때문이다. 주체성이 있는 사람은 자신에게 정직하고 태도에 충실하다. 그래서 다른 사람에게 자신의 마음을 솔직하게 표현할 줄 안다. 이에 따라 다른 사람도 그를 이해할 수 있고, 그도 다른 사람을 배려할 수 있다. 이런 이해와 배려가 사람 사이의 관계를 끈끈하게 이어갈 수 있게 하는 힘이다.

11. 『칠칠단의 비밀』

♣111쪽

1. 예시 답안

일제강점기에 일본인에게 납치를 당해서 그렇다.

2. 예시 답안

다시는 그런 행동을 하지 못하게 무기 징역에 처한다.

♣112쪽

3. 예시 답안

▶ 상호와 순자가 자기들이 조선 사람이라는 사실을 알고 곡마단을 나가면 공연도 할 수 없고 돈도 벌 수 없기 때문이다.

▶ 마약 밀매와 인신 매매로 돈을 번 일을 들킬까 봐 그렇다.

4. 예시 답안

어린이들이 배우길 바란 점	우리 민족끼리 서로 사랑하고 협동하는 마음을 갖기를 바랐을 것이다.
나중에 좋은 점	조건 없이 선행을 베푼 사람은 나중에 어려운 일이 닥쳤을 때, 조건 없이 도움을 받게 될 것이다. 조건 없이 도움을 받아본 사람은, 다른 사람에게 그런 도움을 줄 수 있어 살기 좋은 사회를 만드는 데 도움이 된다.

♣113쪽

5. 예시 답안

우리나라는 당시 일본인과 중국인에게 납치되는 어린이가 많았다. 그리고 납치된 어린이들은 물건처럼 매매되기도 했다는 사실을 알 수 있다.

6. 예시 답안

사람들이 마약을 먹으면 과대 망상이나 환각 증세 등 정신 이상이 일어나 정상적인 생활을 하지 못한다. 나중에는 중독되어 육체적·정신적으로 망가져 제대로 생활할 수 없게 된다.

♣114쪽

7. 예시 답안

일제강점기에 일본인들이 운영하는 탄광으로 끌려가 강제 노역을 한 한국인이 적지 않습니다. 이들은 일을 하면 돈도 주고 공부를 시켜 주겠다는 말만 믿고 따라갔다가 제대로 먹지도 못하고, 돈도 충분히 받지 못한 채 고된 노동에 시달려야 했습니다. 다쳐서 일을 하지 못하면 밥을 주지 않아 굶어 죽은 사람도 있습니다. 사진 속 글씨를 보면, 강제 노역에 동원된 한국인 노동자가 얼마나 힘든 상황에서 일했는지 알 수 있습니다. 보고 싶은 어머니를 보러 고향에 갈 수도 없고, 배가 고파도 밥 한 끼 마음껏 먹을 수 없던 강제 노역 노동자들의 아픔을 느낄 수 있습니다. 일본에 속아서 온 사실을 알게 되었을 때 한국인 노동자들의 마음이 얼마나 억울했을까요. 다치거나 굶어서 죽은 동료를 보는 일이 얼마나 힘들었을까요. 그런 비참한 일을 당하면서도 계속 일만 해야 하는 자신들의 처지가 견디기 힘들었을 것입니다. 이것은 일본이 한국인의 인권을 짓밟은 일이 분명하므로 유엔이 나서서 조사해야 합니다.

♣115쪽

8. 예시 답안

일제강점기에 일본은 군대의 위안부를 모집할 때, 일본 기업들을 앞세워 취직을 시켜 주겠다며 거짓말했다. 이 말을 믿은 한국인 여성들은 일본의 기업에 취직하면 돈을 많이 벌 수 있을 것으로 생각해 그들을 따라갔다. 따라서 아무것도 모르고 따라간 여성들을 성노예로 삼았으므로 일본은 마땅히 사과하고 배상해야 한다. 그런데 사과는커녕 위안부 할머니들의 자발적인 선택이었다고 말해 그들의 마음을 다시 아프게 하고 있다. 또 얼마 전 아베 총리는 후손들에게 위안부 문제에 관해 계속 사죄하며 살도록 하지 않겠다고 했다. 이런 행동을 보면 일본은 역사를 바로잡으려는 의지가 없어 보인다. 과거의 잘못된 역사를 없애고 싶다고 없앨 수 있는 것은 아니다. 이제 일본이 용서를 빌어야 할 시간이 얼마 남지 않았다. 용서를 구하려 해도 용서를 받아 줄 할머니들이 계시지 않기 때문이다. 일본은 더 늦기 전에 진정한 사과와 배상을 해야 한다.

12. 『샬롯의 거미줄』

♣121쪽

1. 예시 답안

외모로만 사람을 판단하면 그 사람의 다른 가치를 알 수 없어 진실한 평가를 하지 못하게 된다. 키가 작기 때문에 운동 능력이 떨어질 것으로 생각했던 친구가 달리기를 잘하기도 하고, 뚱뚱해서 게으를 것 같던 친구가 친구들과의 약속을 제일 잘 지키며 부지런하기도 하다. 또 사람들이 외모를 가꾸는 데 많은 돈과 시간을 낭비하게 된다. 성형 수술을 반복하고, 무리하게 살을 빼다가 건강을 해칠 수도 있다. 능력이 있는 사람이 사회에 기여할 수 있는 기회가 사라지는 점도 문제다.

2. 예시 답안

나와 다르다는 이유로 부정적으로 판단하지 말아야 한다. 윌버는 샬롯이 벌레를 잡아먹는 모습을 끔찍하게 여겼지만, 샬롯은 초식 동물이 아니기 때문에 벌레를 먹지 않을 수 없다. 이렇게 내 기준으로만 판단하지 말고, 나와 다른 점을 인정해야 친해질 수 있다. 또 샬롯이 낯선 윌버에게 친절하게 말을 걸어 주었던 것처럼, 친구나 이웃을 사귀려면 먼저 다가가는 용기가 필요하다.

♣122쪽

3. 예시 답안

▶ 조건 없이 돕고 싶은 친구가 있는 경우 : 어렸을 적부터 함께 지내서 내가 어떤 생각을 하고, 무엇을 좋아하는지 잘 알기 때문이다. 친구는 내게 좋은 일이 생기면 자기 일처럼 기뻐해 주었고, 슬픈 일이 생기면 안타까워하며 위로했다. 내 기분이 어떤지 잘 아는 친구가 내 편이라 평소에 힘든 일이 있어도 든든하다. 친구에게 나도 똑같이 좋은 사람이 되고 싶다. 그래서 친구에게 어려운 일이 생기면, 내가 가진 모든 것을 바쳐서라도 도울 것이다.

▶ 돕고 싶은 친구가 없는 경우 : 주변에 특별히 어려운 일을 겪는 친구를 보

지 못해 친구를 도와야겠다는 생각을 해 본 적이 없다. 도움이 필요하더라도 숙제처럼 자기가 해야 하는 일이라 내가 도울 수는 없었다. 또 아직까지 내 마음을 감동시키거나 내 어려움을 해결하는 데 힘써 준 친구를 만나지 못했다. 그래서 조건 없이 친구를 돕는 일은 망설이게 된다.

4. 예시 답안

장점은 이용 가치가 있는 한 관계가 지속될 수 있다. 예를 들어 사업하는 사람들이 신의를 지키면서 거래하면 이익을 주고받으며 오랫동안 좋은 관계를 맺을 수 있다. 단점은 쉽게 깨질 수 있다. 이용 가치가 없으면 관계가 지속되기 어렵기 때문이다. 예를 들어 거래를 하던 사람이 사업이 잘 안 돼 더 이상 자기에게 이익을 주지 못하면 냉정하게 관계를 끊을 수 있다.

♣ 123쪽

5. 예시 답안

윌버는 샬롯이 거미줄에 자기를 칭찬하는 글을 쓰는 모습을 보고, 그에 어울리는 모습을 갖추려고 노력한다. '칭찬은 고래도 춤추게 한다.'는 말처럼, 칭찬은 자신의 삶을 바라보는 자세를 긍정적으로 변화시켜 자존감과 자신감을 끌어올릴 수 있다. 또 칭찬을 받으면 칭찬을 하는 사람에게도 호의를 갖게 된다. 따라서 친구나 다른 사람을 만났을 때, 상대방의 좋은 점을 말하면 긍정적인 관계를 이루는 데 도움이 된다.

6. 예시 답안

나는 행복에 삶의 가치를 두고 살겠다. 한 번뿐인 삶을 힘들고 우울하게 살기보다는 즐겁게 사는 편이 훨씬 더 낫기 때문이다. 아무 노력도 하지 않으면서 행복해질 수는 없지만, 행복하게 사는 것을 어렵게 생각해서도 안 된다. 작은 일도 의미를 찾고 긍정적으로 생각하면 행복해질 수 있다. 친구를 만나고, 가족과 함께 여행을 가고, 책을 읽는 일이 모두 나를 즐겁게 만든다. 하루하루 행복을 느끼며 살면 내 삶이 더욱 완벽해지리라고 생각한다. 그래서 나는 행복을 가장 중요한 가치로 삼고 싶다.

♣ 124쪽

7. 예시 답안

공동체가 발전하기 어렵고, 결국 자신도 손해를 본다. 사람은 작게는 마을 공동체 안에서 살고 크게는 국가 공동체를 이뤄서 산다. 공동체의 구성원은 이익이나 손해를 어느 정도 공유할 수밖에 없다. 따라서 서로 돕고 배려하는 정신이 있어야 공동체가 유지되고 발전할 수 있다. 서로 믿고 돕는 분위기가 생겨 여러 문제를 잘 해결할 수 있기 때문이다. 그런데 템플턴처럼 자기 욕심만 챙기면 서로 돕고 배려하는 정신, 서로 믿고 돕는 분위기가 만들어질 수 없다. 이렇게 되면 공동체의 구성원이 협력의 이익을 누리지 못하고, 서로 믿지 못하면서 손해를 보는 결과로 이어진다.

♣ 125쪽

8. 예시 답안

참된 우정이란 좋을 때뿐만 아니라 어려울 때도 친구와 함께하는 마음입니다. 추사 김정희가 유배 생활로 어려움을 겪게 되었습니다. 과거에는 친구가 많았지만 유배를 떠나자 친구가 모두 떠나 버렸습니다. 이런 상황에서 제자 이상적이 귀한 책을 선물했습니다. 이 선물은 추사에게 큰 위로가 되었고, 그 책들이 바탕이 되어 문학적 업적을 남길 수 있었습니다. 참된 우정은 어려운 상황에 놓였을 때 새로운 힘을 낼 수 있도록 해 줍니다. '우정도 물을 주고 가꿔야 한다.'는 말이 있습니다. 우정도 관심을 가지고 잘 가꾸어야 자란다는 뜻입니다. 참된 친구는 기쁨과 슬픔을 함께 나누며 더 힘차게 살 수 있도록 돕습니다. 따라서 얼마나 친구가 많은가보다 마음으로 의지할 수 있는 친구가 한 명이라도 있는가가 중요합니다. 서로 다른 점이 있다는 것을 인정하면서 친구와 기쁨과 슬픔을 나눌 수 있는 관계를 맺을 때, 나의 삶이 더 든든해질 것입니다.